Bryn Mawr Greek Commentaries

Sophocles' *Philoctetes*

Text and Commentary

Roberto Torretti

Thomas Library
Bryn Mawr College
Bryn Mawr, Pennsylvania

Series Preface

These lexical and grammatical notes are meant not as a full-scale commentary but as a clear and concise aid to the beginning student. The editors have been told to resist their critical impulses and to say only what will help the student read the text. Our commentaries, then, are the beginning of the interpretative process not the end.

We expect that the student will know the basic Attic declensions and conjugations, basic grammar (the common functions of cases and moods; the common types of clauses and conditions), and how to use a dictionary. In general we have tried to avoid duplication of material easily extractable from the lexicon, but we have included help with odd verb forms, and recognizing that endless page-flipping can be counter-productive we have provided the occasional bonus of assistance with uncommon vocabulary.

Production of these texts has been made possible by a generous grant from the Division Of Education Programs, The National Endowment for the Humanities.

Richard Hamilton
General Editor

Copyright ©1997 by **Bryn Mawr Commentaries**

Manufactured in the United States of America
ISBN 0-929524-88-8
Printed and distributed by
Bryn Mawr Commentaries
Thomas Library
Bryn Mawr College
Bryn Mawr, PA 19010

Volume Preface

I. The Text.

I began working on a copy of Dain's Budé text of 1960. I gradually revised it in the light of the OCT edition of Lloyd-Jones and Wilson. The text I finally came up with, and which is printed here, differs little from theirs. This means that I have for the most part taken sides with their more venturesome, "activist", editorial practice, against Dain's moderate conservatism. For consistency's sake, I have adopted Lloyd-Jones and Wilson's metrical analysis of the lyrics (throughout), as well as their punctuation (except in a few lines in which I could not go along with their sense). At the foot of each page I print a small list of variant readings.

II. The Notes.

As usual in this series, the notes are meant to assist someone who reads Sophocles in Greek for the first time. They deal for the most part with questions of syntax and with the use of words. Many of them consist in translations of difficult or peculiar sentences or phrases. I try my best to make the structure of such passages transparent to the reader, often by supplementing the good English translations I quote from with mock-English "literal" translations of mine. All in all, the commentary takes the accompanying text for granted. However, in a few cases I judged it useful to look briefly at other readings.

I provide some information on the less familiar proper names.

While writing the commentary I had constantly at my side the two editions mentioned above, the English translations by Jebb, Ussher and Lloyd-Jones, the commentaries by Jebb, Webster and Ussher, Mazon's French translation (facing Dain's text), and Willige's German translation. These works are described in the reference list below. My debt to their authors goes very much further than what the credit I give them for direct quotations might suggest.

My greatest debt is to the series editor, Professor Richard Hamilton. His expert indications and painstaking attention to detail have hugely improved this commentary, and I am very grateful to him for it. I also thank him for kindly allowing me to use the Metrical Note in his *Hippolytus*.

Roberto Torretti

Santiago de Chile, May 1997.

References

DM	Sophocle. *Philoctète — Œdipe à Colone*. Texte établi par Alphonse Dain et traduit par Paul Mazon. Paris: Les Belles Lettres, Collection Guillaume Budé, 1960.
DMI	Sophocle. *Philoctète — Œdipe à Colone*. Texte établi par Alphonse Dain et traduit par Paul Mazon. Quatrième tirage revu et corrigé par Jean Irigoin. Paris: Les Belles Lettres, Collection des Universités de France, 1990.
GP	Denniston, J. D. *The Greek Particles*. Second Edition. Oxford: Clarendon Press, 1954.
J	Sophocles. *The Plays and Fragments. Part IV. Philoctetes*. With critical notes, commentary, and a translation in English prose by Sir Richard C. Jebb. Amsterdam: Servio Publishers, 1962. (Reprinted by arrangement with the Cambridge University Press).
KG	Kühner, Raphael and Bernhard Gerth. *Ausführliche Grammatik der griechischen Sprache: Satzlehre*. Vierte Auflage. Hannover: Hahnsche Buchhandlung, 1955. 2 vols.
L-J	Sophocles. *Antigone • The Women of Trachis • Philoctetes • Oedipus at Colonus*. Edited and translated by Hugh Lloyd-Jones. Cambridge, MA: Harvard University Press, 1994. Loeb Classical Library.
L-J&W	Sophocles. *Fabulae*. Recognoverunt brevique adnotatione critica instruxerunt H. Lloyd-Jones et N. G. Wilson. Oxonii: e Typographeo Clarendoniano, 1990.
LSJ	Liddell, Henry George and Robert Scott. *A Greek-English Lexicon*. Revised and augmented throughout by Henry Stuart Jones. With a revised supplement. Oxford: Clarendon Press, 1996.
S	Smyth, Herbert Weir. *Greek Grammar*. Revised by Gordon M. Messing. Cambridge MA: Harvard University Press, 1956.
Soph.	Lloyd-Jones, H. and N. G. Wilson. *Sophoclea: Studies in the Text of Sophocles*. Oxford: Clarendon Press, 1990.
TLG-D	*Thesaurus Linguae Graecae, D*. CD-ROM. Irvine: University of California, 1992.
U	Sophocles. *Philoctetes*. Edited, with introduction, translation and commentary, by R. G. Ussher. Warminster: Aris & Phillips, 1990.
W	Sophocles. *Philoctetes*. Edited by T. B. L. Webster. Cambridge: Cambridge University Press, 1970.
Willige	Sophokles. *Tragödien und Fragmente*. Griechisch und deutsch herausgegeben und übersetzt von W. Willige. Überarbeitet von Karl Bayer. München: Heimeran, 1966.

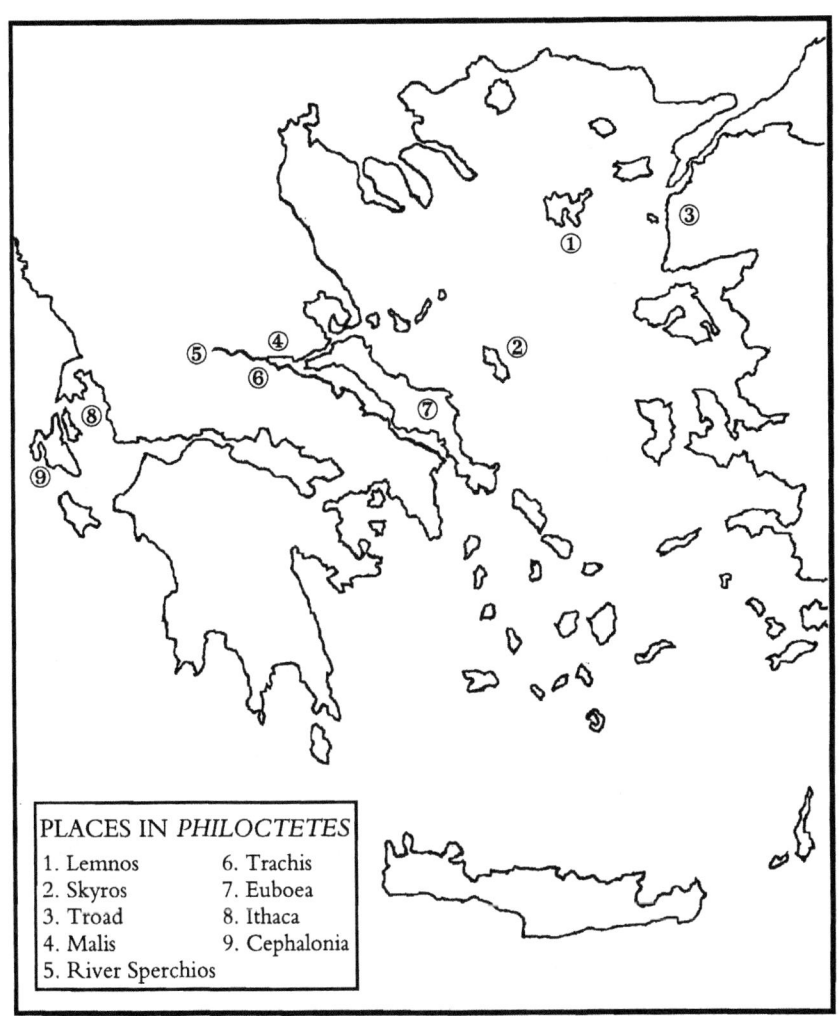

Metrical note

Greek tragedies are composed of episodes, scenes where characters speak and the plot develops, and odes, songs by the chorus. Each element has its own form and appropriate meters.

The regular meter in episodes is iambic trimeter. Each line comprises three metrical units or "metra" of the shape ×—◡— so a whole line may be diagrammed:

×—◡— / ×—◡— / ×—◡×

(where — is a long syllable, ◡ is a short syllable and × is a syllable long or short).

A syllable is long if it contains (*a*) a long vowel or a diphthong or (*b*) a short vowel followed by two consonants (ζ, ξ, ψ count as double consonants). One or both consonants may belong to the beginning of the following word; but mute consonants (π, β, φ, κ, γ, χ, τ, δ, θ) followed by a liquid consonant (λ, ρ, μ, ν) do not normally count as double consonants.

A syllable is short if it contains a short vowel and is not lengthened by the double consonant rule. The Greek vowels ε and ο are always short; η and ω are always long; α, ι, υ may be long or short by nature, and their natural quantities in the root of any given word are normally noted in the lexicon. Thus we may analyse ("scan") line 1 of *Philoctetes*:

— — ◡ —/◡ — ◡ —/◡ — ◡ ◡
Ἀκτὴ μὲν ἥδε τῆς περιρρύτου χθονὸς

Metrical license permits the occasional "resolution" of a long syllable into two shorts at various places in the trimeter line. Thus we may scan line 10:

◡ — ◡—/ — ◡ ◡ ◡ —/ — — ◡ —
κατεῖχ᾽ ἀεὶ πᾶν στρατόπεδον δυσφημίαις

Most lines have "caesura" (word-end) after either the fifth or seventh syllable.

Sigla

l		L Λ K
	L	Laurentianus 32.9
	Λ	Lugdunensis Bat. BPG 60A
	K	Laurentianus 31.10
r		G R Q
	G	Laurentianus CS 152
	R	Vaticanus gr. 2291
	Q	Parisinus supp. gr. 109
a		A U Y
	A	Parisinus gr. 2712
	U	Venetus Marc. gr. 467
	Y	Vindobonensis Phil. gr. 48
	S	Vaticanus Urb. gr. 141 (lines 1-1297)
	V	Venetus Marc. gr. 468
z		Zg Zo Zn
	Zg	Laurentianus 32.2
	Zn	Parisinus gr. 2787
	Zo	Vaticanus Pal. gr. 287
t		T Ta (Demetrius Triclinius' recension)
	T	Parisinus gr. 2711
	Ta	Venetus Marc. gr. 470

Berlin papyrus Inv. 17058 (iv-v A.D.) is a source for lines 419-21, 452-54.

ΣΟΦΟΚΛΕΟΥΣ ΦΙΛΟΚΤΗΤΗΣ

ΟΔΥΣΣΕΥΣ
Ἀκτὴ μὲν ἥδε τῆς περιρρύτου χθονὸς
Λήμνου, βροτοῖς ἄστιπτος οὐδ' οἰκουμένη,
ἔνθ', ὦ κρατίστου πατρὸς Ἑλλήνων τραφεὶς
Ἀχιλλέως παῖ Νεοπτόλεμε, τὸν Μηλιᾶ
Ποίαντος υἱὸν ἐξέθηκ' ἐγώ ποτε — 5
ταχθεὶς τόδ' ἔρδειν τῶν ἀνασσόντων ὕπο —
νόσῳ καταστάζοντα διαβόρῳ πόδα·
ὅτ' οὔτε λοιβῆς ἡμὶν οὔτε θυμάτων
παρῆν ἑκήλοις προσθιγεῖν, ἀλλ' ἀγρίαις
κατεῖχ' ἀεὶ πᾶν στρατόπεδον δυσφημίαις, 10
βοῶν, στενάζων. ἀλλὰ ταῦτα μὲν τί δεῖ
λέγειν; ἀκμὴ γὰρ οὐ μακρῶν ἡμῖν λόγων,
μὴ καὶ μάθῃ μ' ἥκοντα κἀκχέω τὸ πᾶν
σόφισμα τῷ νιν αὐτίχ' αἱρήσειν δοκῶ.
ἀλλ' ἔργον ἤδη σὸν τὰ λοίφ' ὑπηρετεῖν, 15
σκοπεῖν θ' ὅπου 'στ' ἐνταῦθα δίστομος πέτρα
τοιάδ', ἵν' ἐν ψύχει μὲν ἡλίου διπλῆ
πάρεστιν ἐνθάκησις, ἐν θέρει δ' ὕπνον
δι' ἀμφιτρῆτος αὐλίου πέμπει πνοή.
βαιὸν δ' ἔνερθεν ἐξ ἀριστερᾶς τάχ' ἂν 20
ἴδοις ποτὸν κρηναῖον, εἴπερ ἐστὶ σῶν.
ἅ μοι προσελθὼν σῖγα σήμαιν' εἴτ' ἔχει
χῶρον τὸν αὐτὸν τόνδ' ἔτ', εἴτ' ἄλλῃ κυρεῖ,
ὡς τἀπίλοιπα τῶν λόγων σὺ μὲν κλύῃς,
ἐγὼ δὲ φράζω, κοινὰ δ' ἐξ ἀμφοῖν ἴῃ. 25

ΝΕΟΠΤΟΛΕΜΟΣ
ἄναξ Ὀδυσσεῦ, τοὔργον οὐ μακρὰν λέγεις·
δοκῶ γὰρ οἷον εἶπας ἄντρον εἰσορᾶν.

---

11 στενάζων fere codd.: ἰύζων **r**
22 σήμαιν'] μάνθαν' Dawe
23 τὸν αὐτὸν Blaydes: πρὸς αὐτὸν codd.   τόνδ' ἔτ' Elmsley: τόνδε γ' **a**: τόνδ' fere cett.

ΟΔ. ἄνωθεν, ἢ κάτωθεν; οὐ γὰρ ἐννοῶ.
ΝΕ. τόδ' ἐξύπερθε, καὶ στίβου γ' οὐδεὶς κτύπος.
ΟΔ. ὅρα καθ' ὕπνον μὴ καταυλισθεὶς κυρῇ. 30
ΝΕ. ὁρῶ κενὴν οἴκησιν ἀνθρώπων δίχα.
ΟΔ. οὐδ' ἔνδον οἰκοποιός ἐστί τις τροφή;
ΝΕ. στιπτή γε φυλλὰς ὡς ἐναυλίζοντί τῳ.
ΟΔ. τὰ δ' ἄλλ' ἐρῆμα, κοὐδέν ἐσθ' ὑπόστεγον;
ΝΕ. αὐτόξυλόν γ' ἔκπωμα, φλαυρουργοῦ τινος 35
τεχνήματ' ἀνδρός, καὶ πυρεῖ' ὁμοῦ τάδε.
ΟΔ. κείνου τὸ θησαύρισμα σημαίνεις τόδε.
ΝΕ. ἰοὺ ἰού· καὶ ταῦτά γ' ἄλλα θάλπεται
ῥάκη, βαρείας του νοσηλείας πλέα.
ΟΔ. ἀνὴρ κατοικεῖ τούσδε τοὺς τόπους σαφῶς, 40
κἄστ' οὐχ ἑκάς που. πῶς γὰρ ἂν νοσῶν ἀνὴρ
κῶλον παλαιᾷ κηρὶ προστείχοι μακράν;
ἀλλ' ἢ 'πὶ φορβῆς μαστὺν ἐξελήλυθεν,
ἢ φύλλον εἴ τι νώδυνον κάτοιδέ που.
τὸν οὖν παρόντα πέμψον ἐς κατασκοπήν, 45
μὴ καὶ λάθῃ με προσπεσών· ὡς μᾶλλον ἂν
ἕλοιτ' ἔμ' ἢ τοὺς πάντας Ἀργείους λαβεῖν.
ΝΕ. ἀλλ' ἔρχεταί τε καὶ φυλάξεται στίβος.
σὺ δ' εἴ τι χρῄζεις, φράζε δευτέρῳ λόγῳ.
ΟΔ. Ἀχιλλέως παῖ, δεῖ σ' ἐφ' οἷς ἐλήλυθας 50
γενναῖον εἶναι, μὴ μόνον τῷ σώματι,
ἀλλ' ἤν τι καινὸν, ὧν πρὶν οὐκ ἀκήκοας,
κλύῃς, ὑπουργεῖν, ὡς ὑπηρέτης πάρει.
ΝΕ. τί δῆτ' ἄνωγας;
ΟΔ. τὴν Φιλοκτήτου σε δεῖ
ψυχὴν ὅπως λόγοισιν ἐκκλέψεις λέγων, 55
ὅταν σ' ἐρωτᾷ τίς τε καὶ πόθεν πάρει,
λέγειν, Ἀχιλλέως παῖς· τόδ' οὐχὶ κλεπτέον·
πλεῖς δ' ὡς πρὸς οἶκον, ἐκλιπὼν τὸ ναυτικὸν
στράτευμ' Ἀχαιῶν, ἔχθος ἐχθήρας μέγα,

---

29 κτύπος l, Gγρ, QVz: τύπος cett.
42 προστείχοι Heerwerden: προσβαίη codd.
45 μαστὺν Toup: νόστον codd.
47 ἕλοιτ' ἔμ' Buttmann: ἕλοιτό μ' codd.

οἵ σ' ἐν λιταῖς στείλαντες ἐξ οἴκων μολεῖν, 60
μόνην γ' ἔχοντες τήνδ' ἅλωσιν Ἰλίου,
οὐκ ἠξίωσαν τῶν Ἀχιλλείων ὅπλων
ἐλθόντι δοῦναι κυρίως αἰτουμένῳ,
ἀλλ' αὔτ' Ὀδυσσεῖ παρέδοσαν· λέγων ὅσ' ἂν
θέλῃς καθ' ἡμῶν ἔσχατ' ἐσχάτων κακά. 65
τούτῳ γὰρ οὐδέν μ' ἀλγυνεῖς· εἰ δ' ἐργάσῃ
μὴ ταῦτα, λύπην πᾶσιν Ἀργείοις βαλεῖς.
εἰ γὰρ τὰ τοῦδε τόξα μὴ ληφθήσεται,
οὐκ ἔστι πέρσαι σοι τὸ Δαρδάνου πέδον.
ὡς δ' ἔστ' ἐμοὶ μὲν οὐχί, σοὶ δ' ὁμιλία 70
πρὸς τόνδε πιστὴ καὶ βέβαιος, ἔκμαθε.
σὺ μὲν πέπλευκας οὔτ' ἔνορκος οὐδενὶ
οὔτ' ἐξ ἀνάγκης οὔτε τοῦ πρώτου στόλου,
ἐμοὶ δὲ τούτων οὐδέν ἐστ' ἀρνήσιμον.
ὥστ' εἴ με τόξων ἐγκρατὴς αἰσθήσεται, 75
ὄλωλα καὶ σὲ προσδιαφθερῶ ξυνών.
ἀλλ' αὐτὸ τοῦτο δεῖ σοφισθῆναι, κλοπεὺς
ὅπως γενήσῃ τῶν ἀνικήτων ὅπλων.
ἔξοιδα, παῖ, φύσει σε μὴ πεφυκότα
τοιαῦτα φωνεῖν μηδὲ τεχνᾶσθαι κακά· 80
ἀλλ' ἡδὺ γάρ τι κτῆμα τῆς νίκης λαβεῖν,
τόλμα· δίκαιοι δ' αὖθις ἐκφανούμεθα.
νῦν δ' εἰς ἀναιδὲς ἡμέρας μέρος βραχὺ
δός μοι σεαυτόν, κᾆτα τὸν λοιπὸν χρόνον
κέκλησο πάντων εὐσεβέστατος βροτῶν. 85
ΝΕ. ἐγὼ μὲν οὓς ἂν τῶν λόγων ἀλγῶ κλύων,
Λαερτίου παῖ, τούσδε καὶ πράσσειν στυγῶ·
ἔφυν γὰρ οὐδὲν ἐκ τέχνης πράσσειν κακῆς,
οὔτ' αὐτὸς οὔθ', ὥς φασιν, οὑκφύσας ἐμέ.
ἀλλ' εἴμ' ἑτοῖμος πρὸς βίαν τὸν ἄνδρ' ἄγειν 90
καὶ μὴ δόλοισιν· οὐ γὰρ ἐξ ἑνὸς ποδὸς
ἡμᾶς τοσούσδε πρὸς βίαν χειρώσεται.
πεμφθείς γε μέντοι σοὶ ξυνεργάτης ὀκνῶ

61 γ' Seyffert: δ' LSVrzt omm. a
66 τούτῳ Buttmann: τούτων codd.
79 παῖ Erfurdt: καὶ codd.

προδότης καλεῖσθαι· βούλομαι δ', ἄναξ, καλῶς
δρῶν ἐξαμαρτεῖν μᾶλλον ἢ νικᾶν κακῶς.
ΟΔ. ἐσθλοῦ πατρὸς παῖ, καὐτὸς ὢν νέος ποτὲ
γλῶσσαν μὲν ἀργόν, χεῖρα δ' εἶχον ἐργάτιν·
νῦν δ' εἰς ἔλεγχον ἐξιὼν ὁρῶ βροτοῖς
τὴν γλῶσσαν, οὐχὶ τἄργα, πάνθ' ἡγουμένην.
ΝΕ. τί οὖν μ' ἄνωγας ἄλλο πλὴν ψευδῆ λέγειν;
ΟΔ. λέγω σ' ἐγὼ δόλῳ Φιλοκτήτην λαβεῖν.
ΝΕ. τί δ' ἐν δόλῳ δεῖ μᾶλλον ἢ πείσαντ' ἄγειν;
ΟΔ. οὐ μὴ πίθηται· πρὸς βίαν δ' οὐκ ἂν λάβοις.
ΝΕ. οὕτως ἔχει τι δεινὸν ἰσχύος θράσος;
ΟΔ. ἰοὺς ⟨γ'⟩ ἀφύκτους καὶ προπέμποντας φόνον.
ΝΕ. οὐκ ἆρ' ἐκείνῳ γ' οὐδὲ προσμεῖξαι θρασύ;
ΟΔ. οὔ, μὴ δόλῳ λαβόντα γ', ὡς ἐγὼ λέγω.
ΝΕ. οὐκ αἰσχρὸν ἡγῇ δῆτα τὸ ψευδῆ λέγειν;
ΟΔ. οὔκ, εἰ τὸ σωθῆναί γε τὸ ψεῦδος φέρει.
ΝΕ. πῶς οὖν βλέπων τις ταῦτα τολμήσει λακεῖν;
ΟΔ. ὅταν τι δρᾷς εἰς κέρδος, οὐκ ὀκνεῖν πρέπει.
ΝΕ. κέρδος δ' ἐμοὶ τί τοῦτον ἐς Τροίαν μολεῖν;
ΟΔ. αἱρεῖ τὰ τόξα ταῦτα τὴν Τροίαν μόνα.
ΝΕ. οὐκ ἆρ' ὁ πέρσων, ὡς ἐφάσκετ', εἴμ' ἐγώ;
ΟΔ. οὔτ' ἂν σὺ κείνων χωρὶς οὔτ' ἐκεῖνα σοῦ.
ΝΕ. θηρατέ' ⟨ἂν⟩ γίγνοιτ' ἄν, εἴπερ ὧδ' ἔχει.
ΟΔ. ὡς τοῦτό γ' ἔρξας δύο φέρῃ δωρήματα.
ΝΕ. ποίω; μαθὼν γὰρ οὐκ ἂν ἀρνοίμην τὸ δρᾶν.
ΟΔ. σοφός τ' ἂν αὑτὸς κἀγαθὸς κεκλῇ' ἅμα.
ΝΕ. ἴτω· ποήσω, πᾶσαν αἰσχύνην ἀφείς.
ΟΔ. ἦ μνημονεύεις οὖν ἅ σοι παρῄνεσα;
ΝΕ. σάφ' ἴσθ', ἐπείπερ εἰσάπαξ συνῄνεσα.
ΟΔ. σὺ μὲν μένων νῦν κεῖνον ἐνθάδ' ἐκδέχου,
ἐγὼ δ' ἄπειμι, μὴ κατοπτευθῶ παρών,
καὶ τὸν σκοπὸν πρὸς ναῦν ἀποστελῶ πάλιν.

---

105 ⟨γ'⟩ suppl. Dobree
108 δῆτα τὸ Vauvilliers: δὴ τάδε vel δῆτα τὰ codd.
110 λακεῖν L: λαλεῖν codd. plerique (etiam Λ)
116 ⟨ἂν⟩ suppl. Elmsley
123 νῦν] νυν t: om. r   κεῖνον] ἐκεῖνον rt   σύ νυν μένων ἐκεῖνον Blaydes

καὶ δεῦρ', ἐάν μοι τοῦ χρόνου δοκῆτέ τι
κατασχολάζειν, αὖθις ἐκπέμψω πάλιν
τοῦτον τὸν αὐτὸν ἄνδρα, ναυκλήρου τρόποις
μορφὴν δολώσας, ὡς ἂν ἀγνοία προσῇ·
οὗ δῆτα, τέκνον, ποικίλως αὐδωμένου   130
δέχου τὰ συμφέροντα τῶν ἀεὶ λόγων.
ἐγὼ δὲ πρὸς ναῦν εἶμι, σοὶ παρεὶς τάδε·
Ἑρμῆς δ' ὁ πέμπων δόλιος ἡγήσαιτο νῷν
Νίκη τ' Ἀθάνα Πολιάς, ἢ σῴζει μ' ἀεί.

ΧΟΡΟΣ
τί χρή τί χρή με, δέσποτ', ἐν ξένᾳ ξένον   Στρ. α'   135
στέγειν, ἢ τί λέγειν πρὸς ἄνδρ' ὑπόπταν;
φράζε μοι.
τέχνα γὰρ τέχνας ἑτέρας
προὔχει καὶ γνώμα παρ' ὅτῳ τὸ θεῖον
Διὸς σκῆπτρον ἀνάσσεται.   140
σὲ δ', ὦ τέκνον, τόδ' ἐλήλυθεν
πᾶν κράτος ὠγύγιον· τό μοι ἔννεπε
τί σοι χρεὼν ὑπουργεῖν.

ΝΕ. νῦν μέν, ἴσως γὰρ τόπον ἐσχατιαῖς
προσιδεῖν ἐθέλεις ὅντινα κεῖται,   145
δέρκου θαρσῶν· ὁπόταν δὲ μόλῃ
δεινὸς ὁδίτης τῶνδ' οὐκ μελάθρων,
πρὸς ἐμὴν αἰεὶ χεῖρα προχωρῶν
πειρῶ τὸ παρὸν θεραπεύειν.

ΧΟ. μέλον πάλαι μέλημά μοι λέγεις, ἄναξ,   Ἀντ. α'   150
φρουρεῖν ὄμμ' ἐπὶ σῷ μάλιστα καιρῷ·
νῦν δέ μοι
λέγ' αὐλὰς ποίας ἔνεδρος
ναίει καὶ χῶρον τίν' ἔχει. τὸ γάρ μοι
μαθεῖν οὐκ ἀποκαίριον,   155
μὴ προσπεσών με λάθῃ ποθέν·
τίς τόπος, ἢ τίς ἕδρα; τίν' ἔχει στίβον,
ἔναυλον ἢ θυραῖον;

---

147 οὐκ Linwood: ἐκ codd.
156 προσπεσών με λάθῃ Hermann: με λάθῃ προσπεσών codd.

ΝΕ. οἶκον μὲν ὁρᾷς τόνδ' ἀμφίθυρον
πετρίνης κοίτης. 160
ΧΟ. ποῦ γὰρ ὁ τλήμων αὐτὸς ἄπεστιν;
ΝΕ. δῆλον ἔμοιγ' ὡς φορβῆς χρείᾳ
στίβον ὀγμεύει τῇδε πέλας που.
ταύτην γὰρ ἔχειν βιοτῆς αὐτὸν
λόγος ἐστὶ φύσιν, θηροβολοῦντα 165
πτηνοῖς ἰοῖς, στυγερὸν στυγερῶς,
οὐδέ τιν' αὐτῷ
παιῶνα κακῶν ἐπινωμᾶν.

ΧΟ. οἰκτίρω νιν ἔγωγ', ὅπως, Στρ. β'
μή του κηδομένου βροτῶν 170
μηδὲ σύντροφον ὄμμ' ἔχων,
δύστανος, μόνος αἰεί,
νοσεῖ μὲν νόσον ἀγρίαν,
ἀλύει δ' ἐπὶ παντί τῳ
χρείας ἱσταμένῳ. πῶς ποτε πῶς δύσμορος ἀντέχει; 175
ὦ παλάμαι θεῶν,
ὦ δύστανα γένη βροτῶν,
οἷς μὴ μέτριος αἰών.

οὗτος πρωτογόνων ἴσως Ἀντ. β' 180
οἴκων οὐδενὸς ὕστερος,
πάντων ἄμμορος ἐν βίῳ
κεῖται μοῦνος ἀπ' ἄλλων,
στικτῶν ἢ λασίων μετὰ
θηρῶν, ἔν τ' ὀδύναις ὁμοῦ 185
λιμῷ τ' οἰκτρὸς ἀνήκεστ' ἀμερίμνητά τ' ἔχων βάρη.
ἁ δ' ἀθυρόστομος
Ἀχὼ τηλεφανὴς πικραῖς
οἰμωγαῖς ὑπακούει. 190

163 τῇδε Blaydes: τήνδε r: τόνδε cett.
166 στυγερὸν στυγερῶς codd.: σμυγερὸν σμυγερῶς Brunck
177 θεῶν Lachmann: θνητῶν codd.
187 ἀμερίμνητά τ' Page: μεριμνήματ' codd.
187-88 βάρη. ἁ δ' Hermann: βαρεῖα δ' codd.
189-90 πικραῖς οἰμωγαῖς Ast: πικρᾶς οἰμωγᾶς codd.
190 ὑπακούει Auratus: ὑπόκειται codd.

ΣΟΦΟΚΛΕΟΥΣ ΦΙΛΟΚΤΗΤΗΣ

ΝΕ. οὐδὲν τούτων θαυμαστὸν ἐμοί·
θεῖα γάρ, εἴπερ κἀγώ τι φρονῶ,
καὶ τὰ παθήματα κεῖνα πρὸς αὐτὸν
τῆς ὠμόφρονος Χρύσης ἐπέβη,
καὶ νῦν ἃ πονεῖ δίχα κηδεμόνων, 195
οὐκ ἔσθ' ὡς οὐ θεῶν του μελέτη
τοῦ μὴ πρότερον τόνδ' ἐπὶ Τροίᾳ
τεῖναι τὰ θεῶν ἀμάχητα βέλη,
πρὶν ὅδ' ἐξήκοι χρόνος, ᾧ λέγεται
χρῆναί σφ' ὑπὸ τῶνδε δαμῆναι. 200

ΧΟ. εὔστομ' ἔχε, παῖ. Στρ. γ'
ΝΕ. τί τόδε;
ΧΟ. προὐφάνη κτύπος,
φωτὸς σύντροφος ὡς τειρομένου ⟨του⟩,
ἤ που τᾷδ' ἢ τᾷδε τόπων.
βάλλει βάλλει μ' ἐτύμα 205
φθογγά του στίβον κατ' ἀνάγ-
καν ἕρποντος, οὐδέ με λά-
θει βαρεῖα τηλόθεν αὐ-
δὰ τρυσάνωρ· διάσημα θρηνεῖ.

ΧΟ. ἀλλ' ἔχε, τέκνον, ὦ— Ἀντ. γ' 210
ΝΕ. λέγ' ὅ τι.
ΧΟ. φροντίδας νέας·
ὡς οὐκ ἔξεδρος, ἀλλ' ἔντοπος ἀνήρ,
οὐ μολπὰν σύριγγος ἔχων,
ὡς ποιμὴν ἀγροβάτας,
ἀλλ' ἤ που πταίων ὑπ' ἀνάγ- 215
κας βοᾷ τηλωπὸν ἰω-
άν, ἢ ναὸς ἄξενον αὐ-
γάζων ὅρμον· προβοᾷ τι δεινόν.

---

196 ἔσθ' ὡς Porson: ἔσθ' ὅπως vel ἔστιν ὅπως codd.   μελέτη West: μελέτῃ codd.
203 ⟨του⟩ suppl. Porson
204 Choro tribuit Hermann, Neoptolemo codd.
209 θρηνεῖ Lloyd-Jones & Wilson (γὰρ θρηνεῖ iam Dindorf): γὰρ θροεῖ vel θροεῖ γὰρ codd.
218 τι Hartung: γάρ τι codd.

ΦΙΛΟΚΤΗΤΗΣ
ἰὼ ξένοι·
τίνες ποτ' ἐς γῆν τήνδε ναυτίλῳ πλάτῃ
κατέσχετ' οὔτ' εὔορμον οὔτ' οἰκουμένην;
ποίας πάτρας ὑμᾶς ἂν ἢ γένους ποτε
τύχοιμ' ἂν εἰπών; σχῆμα μὲν γὰρ Ἑλλάδος
στολῆς ὑπάρχει προσφιλεστάτης ἐμοί·
φωνῆς δ' ἀκοῦσαι βούλομαι· καὶ μή μ' ὄκνῳ
δείσαντες ἐκπλαγῆτ' ἀπηγριωμένον,
ἀλλ' οἰκτίσαντες ἄνδρα δύστηνον, μόνον,
ἔρημον ὧδε κἄφιλον κακούμενον,
φωνήσατ', εἴπερ ὡς φίλοι προσήκετε.
ἀλλ' ἀνταμείψασθ'· οὐ γὰρ εἰκὸς οὔτ' ἐμὲ
ὑμῶν ἁμαρτεῖν τοῦτό γ' οὔθ' ὑμᾶς ἐμοῦ. 220

225

230

ΝΕ. ἀλλ', ὦ ξέν', ἴσθι τοῦτο πρῶτον, οὕνεκα
Ἕλληνές ἐσμεν· τοῦτο γὰρ βούλῃ μαθεῖν.
ΦΙ. ὦ φίλτατον φώνημα· φεῦ τὸ καὶ λαβεῖν
πρόσφθεγμα τοιοῦδ' ἀνδρὸς ἐν χρόνῳ μακρῷ.
τίς σ', ὦ τέκνον, προσέσχε, τίς προσήγαγεν
χρεία; τίς ὁρμή; τίς ἀνέμων ὁ φίλτατος;
γέγωνέ μοι πᾶν τοῦθ', ὅπως εἰδῶ τίς εἶ. 235

ΝΕ. ἐγὼ γένος μέν εἰμι τῆς περιρρύτου
Σκύρου· πλέω δ' ἐς οἶκον· αὐδῶμαι δὲ παῖς
Ἀχιλλέως, Νεοπτόλεμος. οἶσθ' ἤδη τὸ πᾶν. 240
ΦΙ. ὦ φιλτάτου παῖ πατρός, ὦ φίλης χθονός,
ὦ τοῦ γέροντος θρέμμα Λυκομήδους, τίνι
στόλῳ προσέσχες τήνδε γῆν; πόθεν πλέων;
ΝΕ. ἐξ Ἰλίου τοι δὴ τανῦν γε ναυστολῶ. 245
ΦΙ. πῶς εἶπας; οὐ γὰρ δὴ σύ γ' ἦσθα ναυβάτης
ἡμῖν κατ' ἀρχὴν τοῦ πρὸς Ἴλιον στόλου.
ΝΕ. ἦ γὰρ μετέσχες καὶ σὺ τοῦδε τοῦ πόνου;

---

220 ναυτίλῳ πλάτῃ Syp, aZo: κἀκ ποίας πάτρας cett. (etiam Λ)
222 ὑμᾶς ἂν a: ἂν ὑμᾶς cett.: ὑμᾶς post γένους praebet t
228 κακούμενον Brunck: καλούμενον codd.
236 προσέσχε codd.: κατέσχε Lloyd-Jones & Wilson: ποτ' ἔσχε Blaydes: τίς ὢν προσέσχες; τίς προσήγαγεν, τέκνον, coni. Cavallin
245 δὴ τανῦν anon. (1810): δῆτα νῦν codd.

ΣΟΦΟΚΛΕΟΥΣ ΦΙΛΟΚΤΗΤΗΣ

ΦΙ. ὦ τέκνον, οὐ γὰρ οἶσθά μ' ὄντιν' εἰσορᾷς;
ΝΕ. πῶς γὰρ κάτοιδ' ὅν γ' εἶδον οὐδεπώποτε; 250
ΦΙ. οὐ τοὔνομ' οὐδὲ τῶν ἐμῶν κακῶν κλέος
ᾔσθου ποτ' οὐδέν, οἷς ἐγὼ διωλλύμην;
ΝΕ. ὡς μηδὲν εἰδότ' ἴσθι μ' ὧν ἀνιστορεῖς.
ΦΙ. ὦ πόλλ' ἐγὼ μοχθηρός, ὦ πικρὸς θεοῖς,
οὗ μηδὲ κληδὼν ὧδ' ἔχοντος οἴκαδε 255
μηδ' Ἑλλάδος γῆς μηδαμοῦ διῆλθέ που,
ἀλλ' οἱ μὲν ἐκβαλόντες ἀνοσίως ἐμὲ
γελῶσι σῖγ' ἔχοντες, ἡ δ' ἐμὴ νόσος
ἀεὶ τέθηλε κἀπὶ μεῖζον ἔρχεται.
ὦ τέκνον, ὦ παῖ πατρὸς ἐξ Ἀχιλλέως, 260
ὅδ' εἴμ' ἐγώ σοι κεῖνος, ὃν κλύεις ἴσως
τῶν Ἡρακλείων ὄντα δεσπότην ὅπλων,
ὁ τοῦ Ποίαντος παῖς Φιλοκτήτης, ὃν οἱ
δισσοὶ στρατηγοὶ χὠ Κεφαλλήνων ἄναξ
ἔρριψαν αἰσχρῶς ὧδ' ἔρημον, ἀγρίᾳ 265
νόσῳ καταφθίνοντα, τῆς ἀνδροφθόρου
πληγέντ' ἐχίδνης ἀγρίῳ χαράγματι·
ξὺν ᾗ μ' ἐκεῖνοι, παῖ, προθέντες ἐνθάδε
ᾤχοντ' ἔρημον, ἡνίκ' ἐκ τῆς ποντίας
Χρύσης κατέσχον δεῦρο ναυβάτῃ στόλῳ. 270
τότ' ἄσμενοί μ' ὡς εἶδον ἐκ πολλοῦ σάλου
εὕδοντ' ἐπ' ἀκτῆς ἐν κατηρεφεῖ πέτρᾳ,
λιπόντες ᾤχονθ', οἷα φωτὶ δυσμόρῳ
ῥάκη προθέντες βαιὰ καί τι καὶ βορᾶς
ἐπωφέλημα σμικρόν· οἷ' αὐτοῖς τύχοι. 275
σὺ δή, τέκνον, ποίαν μ' ἀνάστασιν δοκεῖς
αὐτῶν βεβώτων ἐξ ὕπνου στῆναι τότε;
ποῖ' ἐκδακρῦσαι, ποῖ' ἀποιμῶξαι κακά;
ὁρῶντα μὲν ναῦς, ἃς ἔχων ἐναυστόλουν
πάσας βεβώσας, ἄνδρα δ' οὐδέν' ἔντοπον, 280
οὐχ ὅστις ἀρκέσειεν, οὐδ' ὅστις νόσου
κάμνοντι συλλάβοιτο· πάντα δὲ σκοπῶν

---

251 οὐ τοὔνομ' J. F. Martin: οὐδ' οὔνομ' vel οὐδ' ὄνομ' codd.: οὐδ' ὄνομ' ⟨ἆρ'⟩ Erfurdt
272 πέτρᾳ Q, coni. Blaydes: πέτρῳ cett.
276 οὗ Kvíčala: σὺ codd.

ηὕρισκον οὐδὲν πλὴν ἀνιᾶσθαι παρόν,
τούτου δὲ πολλὴν εὐμάρειαν, ὦ τέκνον.
ὁ μὲν χρόνος δὴ διὰ χρόνου προὔβαινέ μοι, 285
κᾆδει τι βαιᾷ τῇδ' ὑπὸ στέγῃ μόνον
διακονεῖσθαι· γαστρὶ μὲν τὰ σύμφορα
τόξον τόδ' ἐξηύρισκε, τὰς ὑποπτέρους
βάλλον πελείας· πρὸς δὲ τοῦθ', ὅ μοι βάλοι
νευροσπαδὴς ἄτρακτος, αὐτὸς ἂν τάλας 290
εἱλυόμην, δύστηνον ἐξέλκων πόδα,
πρὸς τοῦτ' ἄν· εἴ τ' ἔδει τι καὶ ποτὸν λαβεῖν,
καί που πάγου χυθέντος, οἷα χείματι,
ξύλον τι θραῦσαι, ταῦτ' ἂν ἐξέρπων τάλας
ἐμηχανώμην· εἶτα πῦρ ἂν οὐ παρῆν, 295
ἀλλ' ἐν πέτροισι πέτρον ἐκτρίβων μόλις
ἔφην' ἄφαντον φῶς, ὃ καὶ σῴζει μ' ἀεί.
οἰκουμένη γὰρ οὖν στέγη πυρὸς μέτα
πάντ' ἐκπορίζει πλὴν τὸ μὴ νοσεῖν ἐμέ.
φέρ', ὦ τέκνον, νῦν καὶ τὸ τῆς νήσου μάθῃς. 300
ταύτῃ πελάζει ναυβάτης οὐδεὶς ἑκών·
οὐ γάρ τις ὅρμος ἔστιν, οὐδ' ὅποι πλέων
ἐξεμπολήσει κέρδος, ἢ ξενώσεται.
οὐκ ἐνθάδ' οἱ πλοῖ τοῖσι σώφροσιν βροτῶν.
τάχ' οὖν τις ἄκων ἔσχε· πολλὰ γὰρ τάδε 305
ἐν τῷ μακρῷ γένοιτ' ἂν ἀνθρώπων χρόνῳ·
οὗτοί μ', ὅταν μόλωσιν, ὦ τέκνον, λόγοις
ἐλεοῦσι μέν, καί πού τι καὶ βορᾶς μέρος
προσέδοσαν οἰκτίραντες, ἤ τινα στολήν·
ἐκεῖνο δ' οὐδείς, ἡνίκ' ἂν μνησθῶ, θέλει, 310
σῶσαί μ' ἐς οἴκους, ἀλλ' ἀπόλλυμαι τάλας
ἔτος τόδ' ἤδη δέκατον ἐν λιμῷ τε καὶ
κακοῖσι βόσκων τὴν ἀδηφάγον νόσον.
τοιαῦτ' Ἀτρεῖδαί μ' ἥ τ' Ὀδυσσέως βία,
ὦ παῖ, δεδράκασ'· οἷς Ὀλύμπιοι θεοὶ 315
δοῖέν ποτ' αὐτοῖς ἀντίποιν' ἐμοῦ παθεῖν.
ΧΟ. ἔοικα κἀγὼ τοῖς ἀφιγμένοις ἴσα

---

285 δὴ **a**: οὖν cett.: νυν Wecklein
291 δύστηνον Canter: δύστηνος codd.

ΣΟΦΟΚΛΕΟΥΣ ΦΙΛΟΚΤΗΤΗΣ

ξένοις ἐποικτίρειν σε, Ποίαντος τέκνον.
ΝΕ. ἐγὼ δὲ καὐτὸς τοῖσδε μάρτυς ἐν λόγοις,
ὡς εἴσ' ἀληθεῖς οἶδα, σὺν τυχὼν κακῶν 320
ἀνδρῶν Ἀτρειδῶν τῆς τ' Ὀδυσσέως βίας.
ΦΙ. ἦ γάρ τι καὶ σὺ τοῖς πανωλέθροις ἔχεις
ἔγκλημ' Ἀτρείδαις, ὥστε θυμοῦσθαι παθών;
ΝΕ. θυμὸν γένοιτο χειρὶ πληρῶσαί ποτε,
ἵν' αἱ Μυκῆναι γνοῖεν ἡ Σπάρτη θ' ὅτι 325
χἠ Σκῦρος ἀνδρῶν ἀλκίμων μήτηρ ἔφυ.
ΦΙ. εὖ γ', ὦ τέκνον· τίνος γὰρ ὧδε τὸν μέγαν
χόλον κατ' αὐτῶν ἐγκαλῶν ἐλήλυθας;
ΝΕ. ὦ παῖ Ποίαντος, ἐξερῶ, μόλις δ' ἐρῶ,
ἅγωγ' ὑπ' αὐτῶν ἐξελωβήθην μολών. 330
ἐπεὶ γὰρ ἔσχε μοῖρ' Ἀχιλλέα θανεῖν—
ΦΙ. οἴμοι· φράσῃς μοι μὴ πέρα, πρὶν ἂν μάθω
πρῶτον τόδ'· ἦ τέθνηχ' ὁ Πηλέως γόνος;
ΝΕ. τέθνηκεν, ἀνδρὸς οὐδενός, θεοῦ δ' ὕπο,
τοξευτός, ὡς λέγουσιν, ἐκ Φοίβου δαμείς. 335
ΦΙ. ἀλλ' εὐγενὴς μὲν ὁ κτανών τε χὠ θανών.
ἀμηχανῶ δὲ πότερον, ὦ τέκνον, τὸ σὸν
πάθημ' ἐλέγχω πρῶτον, ἢ κεῖνον στένω.
ΝΕ. οἶμαι μὲν ἀρκεῖν σοί γε καὶ τὰ σ', ὦ τάλας,
ἀλγήμαθ', ὥστε μὴ τὰ τῶν πέλας στένειν. 340
ΦΙ. ὀρθῶς ἔλεξας· τοιγαροῦν τὸ σὸν φράσον
αὖθις πάλιν μοι πρᾶγμ', ὅτῳ σ' ἐνύβρισαν.
ΝΕ. ἦλθόν με νηὶ ποικιλοστόλῳ μέτα
δῖός τ' Ὀδυσσεὺς χὠ τροφεὺς τοὐμοῦ πατρός,
λέγοντες, εἴτ' ἀληθὲς εἴτ' ἄρ' οὖν μάτην, 345
ὡς οὐ θέμις γίγνοιτ', ἐπεὶ κατέφθιτο
πατὴρ ἐμός, τὰ πέργαμ' ἄλλον ἢ 'μ' ἑλεῖν.
ταῦτ', ὦ ξέν', οὕτως ἐννέποντες οὐ πολὺν
χρόνον μ' ἐπέσχον μή με ναυστολεῖν ταχύ,
μάλιστα μὲν δὴ τοῦ θανόντος ἱμέρῳ, 350
ὅπως ἴδοιμ' ἄθαπτον· οὐ γὰρ εἰδόμην·
ἔπειτα μέντοι χὠ λόγος καλὸς προσῆν,

---

320 σὺν τυχὼν Paley: συντυχὼν fere codd.
324 θυμὸν ... χειρὶ Lambinus: θυμῷ ... χεῖρα codd.

ΣΟΦΟΚΛΕΟΥΣ ΦΙΛΟΚΤΗΤΗΣ

εἰ τἀπὶ Τροίᾳ πέργαμ' αἱρήσοιμ' ἰών.
ἦν δ' ἦμαρ ἤδη δεύτερον πλέοντί μοι,
κἀγὼ πικρὸν Σίγειον οὐρίῳ πλάτῃ
κατηγόμην· καί μ' εὐθὺς ἐν κύκλῳ στρατὸς
ἐκβάντα πᾶς ἠσπάζετ', ὀμνύντες βλέπειν
τὸν οὐκέτ' ὄντα ζῶντ' Ἀχιλλέα πάλιν.
κεῖνος μὲν οὖν ἔκειτ'· ἐγὼ δ' ὁ δύσμορος,
ἐπεὶ 'δάκρυσα κεῖνον, οὐ μακρῷ χρόνῳ
ἐλθὼν Ἀτρείδας προσφιλῶς, ὡς εἰκὸς ἦν,
τά θ' ὅπλ' ἀπῄτουν τοῦ πατρὸς τά τ' ἄλλ' ὅσ' ἦν.
οἱ δ' εἶπον, οἴμοι, τλημονέστατον λόγον,
"ὦ σπέρμ' Ἀχιλλέως, τἄλλα μὲν πάρεστί σοι
πατρῷ' ἑλέσθαι, τῶν δ' ὅπλων κείνων ἀνὴρ
ἄλλος κρατύνει νῦν, ὁ Λαέρτου γόνος."
κἀγὼ 'κδακρύσας εὐθὺς ἐξανίσταμαι
ὀργῇ βαρείᾳ, καὶ καταλγήσας λέγω,
"ὦ σχέτλι', ἦ 'τολμήσατ' ἀντ' ἐμοῦ τινι
δοῦναι τὰ τεύχη τἀμά, πρὶν μαθεῖν ἐμοῦ;"
ὁ δ' εἶπ' Ὀδυσσεύς, πλησίον γὰρ ὢν κυρεῖ,
"ναί, παῖ, δεδώκασ' ἐνδίκως οὗτοι τάδε·
ἐγὼ γὰρ αὔτ' ἔσωσα κἀκεῖνον παρών."
κἀγὼ χολωθεὶς εὐθὺς ἤρασσον κακοῖς
τοῖς πᾶσιν, οὐδὲν ἐνδεὲς ποιούμενος,
εἰ τἀμὰ κεῖνος ὅπλ' ἀφαιρήσοιτό με.
ὁ δ' ἐνθάδ' ἥκων, καίπερ οὐ δύσοργος ὤν,
δηχθεὶς πρὸς ἀξήκουσεν ὧδ' ἠμείψατο·
"οὐκ ἦσθ' ἵν' ἡμεῖς, ἀλλ' ἀπῆσθ' ἵν' οὔ σ' ἔδει,
καὶ ταῦτ', ἐπειδὴ καὶ λέγεις θρασυστομῶν,
οὐ μή ποτ' ἐς τὴν Σκῦρον ἐκπλεύσῃς ἔχων."
τοιαῦτ' ἀκούσας κἀξονειδισθεὶς κακὰ
πλέω πρὸς οἴκους, τῶν ἐμῶν τητώμενος
πρὸς τοῦ κακίστου κἀκ κακῶν Ὀδυσσέως.
κοὐκ αἰτιῶμαι κεῖνον ὡς τοὺς ἐν τέλει·
πόλις γὰρ ἐστι πᾶσα τῶν ἡγουμένων
στρατός τε σύμπας, οἱ δ' ἀκοσμοῦντες βροτῶν

355

360

365

370

375

380

385

---

361 προσφιλῶς R (coni. Bothe): πρὸς φίλους fere cett.
367 'κδακρύσας Zn: δακρύσας cett.

διδασκάλων λόγοισι γίγνονται κακοί.
λόγος λέλεκται πᾶς· ὁ δ' Ἀτρείδας στυγῶν
ἐμοί θ' ὁμοίως καὶ θεοῖς εἴη φίλος. 390

ΧΟ. ὀρεστέρα παμβῶτι Γᾶ, Στρ.
μᾶτερ αὐτοῦ Διός,
ἃ τὸν μέγαν Πακτωλὸν εὔχρυσον νέμεις,
σὲ κἀκεῖ, μᾶτερ πότνι', ἐπηυδώμαν, 395
ὅτ' ἐς τόνδ' Ἀτρειδᾶν
ὕβρις πᾶσ' ἐχώρει,
ὅτε τὰ πάτρια τεύχεα παρεδίδοσαν,
ἰὼ μάκαιρα ταυροκτόνων 400
λεόντων ἔφεδρε, τῷ Λαρτίου,
σέβας ὑπέρτατον.

ΦΙ. ἔχοντες, ὡς ἔοικε, σύμβολον σαφὲς
λύπης πρὸς ἡμᾶς, ὦ ξένοι, πεπλεύκατε,
καί μοι προσᾴδεθ' ὥστε γιγνώσκειν ὅτι 405
ταῦτ' ἐξ Ἀτρειδῶν ἔργα κἀξ Ὀδυσσέως.
ἔξοιδα γάρ νιν παντὸς ἂν λόγου κακοῦ
γλώσσῃ θιγόντα καὶ πανουργίας, ἀφ' ἧς
μηδὲν δίκαιον ἐς τέλος μέλλοι ποεῖν.
ἀλλ' οὔ τι τοῦτο θαῦμ' ἔμοιγ', ἀλλ' εἰ παρὼν 410
Αἴας ὁ μείζων ταῦθ' ὁρῶν ἠνείχετο.

ΝΕ. οὐκ ἦν ἔτι ζῶν, ὦ ξέν'· οὐ γὰρ ἄν ποτε
ζῶντός γ' ἐκείνου ταῦτ' ἐσυλήθην ἐγώ.

ΦΙ. πῶς εἶπας; ἀλλ' ἦ χοὖτος οἴχεται θανών;

ΝΕ. ὡς μηκέτ' ὄντα κεῖνον ἐν φάει νόει. 415

ΦΙ. οἴμοι τάλας. ἀλλ' οὐχ ὁ Τυδέως γόνος,
οὐδ' οὑμπολητὸς Σισύφου Λαερτίῳ,
οὐ μὴ θάνωσι· τούσδε γὰρ μὴ ζῆν ἔδει.

ΝΕ. οὐ δῆτ'· ἐπίστω τοῦτό γ'· ἀλλὰ καὶ μέγα
θάλλοντές εἰσι νῦν ἐν Ἀργείων στρατῷ. 420

ΦΙ. τί δ'; ὃς παλαιὸς κἀγαθὸς φίλος τ' ἐμός,
Νέστωρ ὁ Πύλιος ἔστιν; οὗτος γὰρ τάχ' ἂν

---

421 ὃς **a**: ὁ L s.l., SV**rz**: ὣ L: ὢ **t**: αὖ Hermann: τί ⟨γὰρ⟩ ὁ Badham: ⟨φεῦ·⟩ suppl. Page ante τί δ';
422 τάχ' ἂν Hermann: τάχα GR: τά γε cett.

κείνων κάκ' ἐξήρυκε, βουλεύων σοφά.
ΝΕ. κεῖνός γε πράσσει νῦν κακῶς, ἐπεὶ θανὼν
Ἀντίλοχος αὐτῷ φροῦδος ὃς παρῆν γόνος.
ΦΙ. οἴμοι, δύ' αὖ τώδ' ἄνδρ' ἔλεξας, οἶν ἐγὼ
ἥκιστ' ἂν ἠθέλησ' ὀλωλότοιν κλύειν.
φεῦ φεῦ· τί δῆτα δεῖ σκοπεῖν, ὅθ' οἵδε μὲν
τεθνᾶσ', Ὀδυσσεὺς δ' ἔστιν αὖ κἀνταῦθ' ἵνα
χρῆν ἀντὶ τούτων αὐτὸν αὐδᾶσθαι νεκρόν;
ΝΕ. σοφὸς παλαιστὴς κεῖνος, ἀλλὰ χαὶ σοφαὶ
γνῶμαι, Φιλοκτῆτ', ἐμποδίζονται θαμά.
ΦΙ. φέρ' εἰπὲ πρὸς θεῶν, ποῦ γὰρ ἦν ἐνταῦθά σοι
Πάτροκλος, ὅς σοῦ πατρὸς ἦν τὰ φίλτατα;
ΝΕ. χοὖτος τεθνηκὼς ἦν· λόγῳ δέ σ' ἐν βραχεῖ
τοῦτ' ἐκδιδάξω. πόλεμος οὐδέν' ἄνδρ' ἑκὼν
αἱρεῖ πονηρόν, ἀλλὰ τοὺς χρηστοὺς ἀεί.
ΦΙ. ξυμμαρτυρῶ σοι· καὶ κατ' αὐτὸ τοῦτό γε
ἀναξίου μὲν φωτὸς ἐξερήσομαι,
γλώσσῃ δὲ δεινοῦ καὶ σοφοῦ, τί νῦν κυρεῖ.
ΝΕ. ποίου δὲ τούτου πλήν γ' Ὀδυσσέως ἐρεῖς;
ΦΙ. οὐ τοῦτον εἶπον, ἀλλὰ Θερσίτης τις ἦν,
ὃς οὐκ ἂν εἵλετ' εἰσάπαξ εἰπεῖν, ὅπου
μηδεὶς ἐῴη· τοῦτον οἶσθ' εἰ ζῶν κυρεῖ;
ΝΕ. οὐκ εἶδον αὐτόν, ᾐσθόμην δ' ἔτ' ὄντα νιν.
ΦΙ. ἔμελλ'· ἐπεὶ οὐδέν πω κακόν γ' ἀπώλετο,
ἀλλ' εὖ περιστέλλουσιν αὐτὰ δαίμονες,
καί πως τὰ μὲν πανοῦργα καὶ παλιντριβῆ
χαίρουσ' ἀναστρέφοντες ἐξ Ἅιδου, τὰ δὲ
δίκαια καὶ τὰ χρήστ' ἀποστέλλουσ' ἀεί.
ποῦ χρὴ τίθεσθαι ταῦτα, ποῦ δ' αἰνεῖν, ὅταν
τὰ θεῖ' ἐπαθρῶν τοὺς θεοὺς εὕρω κακούς;
ΝΕ. ἐγὼ μέν, ὦ γένεθλον Οἰταίου πατρός,

425

430

435

440

445

450

---

425 ὃς παρῆν Hermann: ὅσπερ ἦν codd.
426 αὖ τώδ' ἄνδρ' ἔλεξας Blaydes, Jebb: αὕτως δείν' ἔλεξας codd.
434 σοῦ Hemsterhuys: σοι codd.
435 σ' ἐν Erfurdt: σε codd.
445 αὐτός Burges: αὐτόν codd.
452 ἐπαθρῶν Postgate: ἐπαινῶν codd.

ΣΟΦΟΚΛΕΟΥΣ ΦΙΛΟΚΤΗΤΗΣ

τὸ λοιπὸν ἤδη τηλόθεν τό τ' Ἴλιον
καὶ τοὺς Ἀτρείδας εἰσορῶν φυλάξομαι· 455
ὅπου θ' ὁ χείρων τἀγαθοῦ μεῖζον σθένει
κἀποφθίνει τὰ χρηστὰ χὠ δειλὸς κρατεῖ,
τούτους ἐγὼ τοὺς ἄνδρας οὐ στέρξω ποτέ·
ἀλλ' ἡ πετραία Σκῦρος ἐξαρκοῦσά μοι
ἔσται τὸ λοιπόν, ὥστε τέρπεσθαι δόμῳ. 460
νῦν δ' εἶμι πρὸς ναῦν· καὶ σύ, Ποίαντος τέκνον,
χαῖρ' ὡς μέγιστα, χαῖρε· καί σε δαίμονες
νόσου μεταστήσειαν, ὡς αὐτὸς θέλεις.
ἡμεῖς δ' ἴωμεν, ὡς ὁπηνίκ' ἂν θεὸς
πλοῦν ἡμὶν εἴκῃ, τηνικαῦθ' ὁρμώμεθα. 465
ΦΙ. ἤδη, τέκνον, στέλλεσθε;
ΝΕ.   καιρὸς γὰρ καλεῖ
πλοῦν μὴ 'ξ ἀπόπτου μᾶλλον ἢ 'γγύθεν σκοπεῖν.
ΦΙ. πρός νύν σε πατρός, πρός τε μητρός, ὦ τέκνον,
πρός τ' εἴ τί σοι κατ' οἶκόν ἐστι προσφιλές,
ἱκέτης ἱκνοῦμαι, μὴ λίπῃς μ' οὕτω μόνον, 470
ἔρημον ἐν κακοῖσι τοῖσδ' οἵοις ὁρᾷς
ὅσοισί τ' ἐξήκουσας ἐνναίοντά με·
ἀλλ' ἐν παρέργῳ θοῦ με. δυσχέρεια μέν,
ἔξοιδα, πολλὴ τοῦδε τοῦ φορήματος·
ὅμως δὲ τλῆθι· τοῖσι γενναίοισί τοι 475
τό τ' αἰσχρὸν ἐχθρὸν καὶ τὸ χρηστὸν εὐκλεές.
σοὶ δ', ἐκλιπόντι τοῦτ', ὄνειδος οὐ καλόν,
δράσαντι δ', ὦ παῖ, πλεῖστον εὐκλείας γέρας,
ἐὰν μόλω 'γὼ ζῶν πρὸς Οἰταίαν χθόνα.
ἴθ'· ἡμέρας τοι μόχθος οὐχ ὅλης μιᾶς. 480
τόλμησον, ἐμβαλοῦ μ' ὅπῃ θέλεις ἄγων,
ἐς ἀντλίαν, ἐς πρῷραν, ἐς πρύμναν†, ὅπου
ἥκιστα μέλλω τοὺς ξυνόντας ἀλγυνεῖν.
νεῦσον, πρὸς αὐτοῦ Ζηνὸς ἱκεσίου, τέκνον,
πείσθητι· προσπίτνω σε γόνασι, καίπερ ὢν 485

457 δειλός Brunck: δεινός codd.
482 per totum ἐς praebet a: εἰς cett.   πρύμναν codd. plerique: πρύμναν θ' KVZgt: πρύμναν μ' Bergk: πρύμνην Elmsley   fortasse ἄγων (481) ... πρύμναν delenda sunt   ὅπου S, V s.l., GR, Q s.l.: ὅπῃ Zo: ὅποι cett.

ἀκράτωρ ὁ τλήμων, χωλός. ἀλλὰ μή μ' ἀφῇς
ἐρῆμον οὕτω χωρὶς ἀνθρώπων στίβου,
ἀλλ' ἢ πρὸς οἶκον τὸν σὸν ἔκσωσόν μ' ἄγων,
ἢ πρὸς τὰ Χαλκώδοντος Εὐβοίας σταθμά·
κἀκεῖθεν οὔ μοι μακρὸς εἰς Οἴτην στόλος 490
Τραχινίαν τε δεράδα καὶ τὸν εὔροον
Σπερχειὸν ἔσται, πατρί μ' ὡς δείξῃς φίλῳ,
ὃν δὴ παλαιὸν ἐξότου δέδοικ' ἐγὼ
μή μοι βεβήκῃ. πολλὰ γὰρ τοῖς ἱγμένοις
ἔστελλον αὐτὸν ἱκεσίους πέμπων λιτάς, 495
αὐτόστολον πλεύσαντά μ' ἐκσῶσαι δόμους.
ἀλλ' ἢ τέθνηκεν, ἢ τὰ τῶν διακόνων,
ὡς εἰκός, οἶμαι, τοὐμὸν ἐν σμικρῷ μέρος
ποιούμενοι τὸν οἴκαδ' ἤπειγον στόλον.
νῦν δ', ἐς σὲ γὰρ πομπόν τε καὐτὸν ἄγγελον 500
ἥκω, σὺ σῶσον, σύ μ' ἐλέησον, εἰσορῶν
ὡς πάντα δεινὰ κἀπικινδύνως βροτοῖς
κεῖται παθεῖν μὲν εὖ, παθεῖν δὲ θἄτερα.
[χρὴ δ' ἐκτὸς ὄντα πημάτων τὰ δείν' ὁρᾶν,
χὤταν τις εὖ ζῇ, τηνικαῦτα τὸν βίον 505
σκοπεῖν μάλιστα μὴ διαφθαρεὶς λάθῃ.]

ΧΟ. οἴκτιρ', ἄναξ· πολλῶν ἔλε-   Ἀντ.
ξεν δυσοίστων πόνων
ἆθλ', οἷα μηδεὶς τῶν ἐμῶν τύχοι φίλων.
εἰ δὲ πικρούς, ἄναξ, ἔχθεις Ἀτρείδας, 510
ἐγὼ μέν, τὸ κείνων
κακὸν τῷδε κέρδος
μέγα τιθέμενος, ἔνθαπερ ἐπιμέμονεν, 515
ἐπ' εὐστόλου ταχείας νεὼς
πορεύσαιμ' ἂν ἐς δόμους, τὰν [ἐκ] θεῶν
νέμεσιν ἐκφυγών.

---

491 δέραδα καὶ τὸν Toup: δειράδα καὶ τὸν codd.: δειράδ' ἢ τὸν Pierson
496 πλεύσαντά Syp, coni. Blaydes: πέμψαντά codd.
504-506 del. Reeves
509 οἷα Porson: ὅ(σ)σα codd.
515 ἐπιμέμονεν edd.: ἐπεὶ μέμονεν codd. plerique: ἐπιμέμηνεν T
517 ἐκ codd., del. Hermann

ΝΕ. ὅρα σὺ μὴ νῦν μέν τις εὐχερὴς παρῇς,
  ὅταν δὲ πλησθῇς τῆς νόσου ξυνουσίᾳ, 520
  τότ' οὐκέθ' αὑτὸς τοῖς λόγοις τούτοις φανῇς.
ΧΟ. ἥκιστα· τοῦτ' οὐκ ἔσθ' ὅπως ποτ' εἰς ἐμὲ
  τοὔνειδος ἕξεις ἐνδίκως ὀνειδίσαι.
ΝΕ. ἀλλ' αἰσχρὰ μέντοι σοῦ γέ μ' ἐνδεέστερον
  ξένῳ φανῆναι πρὸς τὸ καίριον πονεῖν. 525
  ἀλλ' εἰ δοκεῖ, πλέωμεν, ὁρμάσθω ταχύς·
  χἠ ναῦς γὰρ ἄξει κοὐκ ἀπαρνηθήσεται.
  μόνον θεοὶ σῴζοιεν ἔκ τε τῆσδε γῆς
  ἡμᾶς ὅποι τ' ἐνθένδε βουλοίμεσθα πλεῖν.
ΦΙ. ὦ φίλτατον μὲν ἦμαρ, ἥδιστος δ' ἀνήρ, 530
  φίλοι δὲ ναῦται, πῶς ἂν ὑμῖν ἐμφανὴς
  ἔργῳ γενοίμην, ὥς μ' ἔθεσθε προσφιλῆ.
  ἴωμεν, ὦ παῖ, προσκύσαντε τὴν ἔσω
  ἄοικον εἰσοίκησιν, ὥς με καὶ μάθῃς
  ἀφ' ὧν διέζων, ὥς τ' ἔφυν εὐκάρδιος. 535
  οἶμαι γὰρ οὐδ' ἂν ὄμμασιν μόνην θέαν
  ἄλλον λαβόντα πλὴν ἐμοῦ τλῆναι τάδε·
  ἐγὼ δ' ἀνάγκῃ προὔμαθον στέργειν κακά.
ΧΟ. ἐπίσχετον, στάθωμεν· ἄνδρε γὰρ δύο,
  ὁ μὲν νεὼς σῆς ναυβάτης, ὁ δ' ἀλλόθρους, 540
  χωρεῖτον, ὧν μαθόντες αὖθις εἴσιτον.

ΕΜΠΟΡΟΣ
  Ἀχιλλέως παῖ, τόνδε τὸν ξυνέμπορον,
  ὃς ἦν νεὼς σῆς σὺν δυοῖν ἄλλοιν φύλαξ,
  ἐκέλευσ' ἐμοί σε ποῦ κυρῶν εἴης φράσαι,
  ἐπείπερ ἀντέκυρσα, δοξάζων μὲν οὔ, 545
  τύχῃ δέ πως πρὸς ταὐτὸν ὁρμισθεὶς πέδον.
  πλέω γὰρ ὡς ναύκληρος οὐ πολλῷ στόλῳ
  ἀπ' Ἰλίου πρὸς οἶκον ἐς τὴν εὔβοτρυν
  Πεπάρηθον, ὡς ⟨δ'⟩ ἤκουσα τοὺς ναύτας ὅτι

534 εἰσοίκησιν AYzt: εἰς οἴκησιν LU: ἐς οἴκησιν VQ: οἴκησιν SGR: ἐξοίκησιν Frederking
536 μόνην codd.: μόνον Blaydes
539 στάθωμεν Hense: μάθωμεν codd.
547 πλέω Reiske: πλέων codd.
549 ⟨δ'⟩ suppl. Reiske

σοὶ πάντες εἶεν συννεναυστοληκότες, 550
ἔδοξέ μοι μὴ σῖγα, πρὶν φράσαιμί σοι,
τὸν πλοῦν ποεῖσθαι, προστυχόντι τῶν ἴσων.
οὐδὲν σύ που κάτοισθα τῶν σαυτοῦ πέρι,
ἃ τοῖσιν Ἀργείοισιν ἀμφὶ σοῦ νέα
βουλεύματ' ἐστί, κοὐ μόνον βουλεύματα, 555
ἀλλ' ἔργα δρώμεν', οὐκέτ' ἐξαργούμενα.
ΝΕ. ἀλλ' ἡ χάρις μὲν τῆς προμηθίας, ξένε,
εἰ μὴ κακὸς πέφυκα, προσφιλὴς μενεῖ·
φράσον δ' ἅπερ γ' ἔλεξας, ὡς μάθω τί μοι
νεώτερον βούλευμ' ἀπ' Ἀργείων ἔχεις. 560
ΕΜ. φροῦδοι διώκοντές σε ναυτικῷ στόλῳ
Φοῖνιξ ὁ πρέσβυς οἵ τε Θησέως κόροι.
ΝΕ. ὡς ἐκ βίας μ' ἄξοντες ἢ λόγοις πάλιν;
ΕΜ. οὐκ οἶδ'. ἀκούσας δ' ἄγγελος πάρειμί σοι.
ΝΕ. ἦ ταῦτα δὴ Φοῖνίξ τε χοἰ ξυνναυβάται 565
οὕτω καθ' ὁρμὴν δρῶσιν Ἀτρειδῶν χάριν;
ΕΜ. ὡς ταῦτ' ἐπίστω δρώμεν', οὐ μέλλοντ' ἔτι.
ΝΕ. πῶς οὖν Ὀδυσσεὺς πρὸς τάδ' οὐκ αὐτάγγελος
πλεῖν ἦν ἕτοιμος; ἢ φόβος τις εἶργέ νιν;
ΕΜ. κεῖνός γ' ἐπ' ἄλλον ἄνδρ' ὁ Τυδέως τε παῖς 570
ἔστελλον, ἡνίκ' ἐξανηγόμην ἐγώ.
ΝΕ. πρὸς ποῖον αὖ τόνδ' αὐτὸς Οὐδυσσεὺς ἔπλει;
ΕΜ. ἦν δή τις—ἀλλὰ τόνδε μοι πρῶτον φράσον
τίς ἐστιν· ἂν λέγῃς δὲ μὴ φώνει μέγα.
ΝΕ. ὅδ' ἔσθ' ὁ κλεινός σοι Φιλοκτήτης, ξένε. 575
ΕΜ. μή νύν μ' ἔρῃ τὰ πλείον', ἀλλ' ὅσον τάχος
ἔκπλει σεαυτὸν ξυλλαβὼν ἐκ τῆσδε γῆς.
ΦΙ. τί φησιν, ὦ παῖ; τί με κατὰ σκότον ποτὲ
διεμπολᾷ λόγοισι πρός σ' ὁ ναυβάτης;
ΝΕ. οὐκ οἶδά πω τί φησι· δεῖ δ' αὐτὸν λέγειν 580
ἐς φῶς ὃ λέξει, πρὸς σὲ κἀμὲ τούσδε τε.

---

550 συννεναυστοληκότες Dobree: οἱ νεναυστοληκότες codd.
554 σοῦ νέα Auratus: σοῦ 'νεκα vel σ' οὕνεκα codd. plerique
559 ἅπερ γ' a: ἅπερ cett.: τἄργ' Dale   ἔλεξας codd.: ἄλεξας Dale
562 ὁ codd. plerique: θ' ὁ a
572 αὖ Dobree: ἂν codd.   Οὐδυσσεὺς L^{pc}aT: Ὀδυσσεὺς cett.

ΣΟΦΟΚΛΕΟΥΣ ΦΙΛΟΚΤΗΤΗΣ 27

ΕΜ. ὦ σπέρμ' Ἀχιλλέως, μή με διαβάλῃς στρατῷ
λέγονθ' ἃ μὴ δεῖ· πόλλ' ἐγὼ κείνων ὕπο
δρῶν ἀντιπάσχω χρηστά θ', οἷ' ἀνὴρ πένης.
ΝΕ. ἐγώ εἰμ' Ἀτρείδαις δυσμενής· οὗτος δέ μοι 585
φίλος μέγιστος, οὕνεκ' Ἀτρείδας στυγεῖ.
δεῖ δή σ', ἔμοιγ' ἐλθόντα προσφιλῆ, λόγων
κρύψαι πρὸς ἡμᾶς μηδέν' ὧν ἀκήκοας.
ΕΜ. ὅρα τί ποιεῖς, παῖ.
ΝΕ. σκοπῶ κἀγὼ πάλαι.
ΕΜ. σὲ θήσομαι τῶνδ' αἴτιον. 590
ΝΕ. ποιοῦ λέγων.
ΕΜ. λέγω· 'πὶ τοῦτον ἄνδρε τώδ' ὥπερ κλύεις,
ὁ Τυδέως παῖς ἥ τ' Ὀδυσσέως βία,
διώμοτοι πλέουσιν ἦ μὴν ἢ λόγῳ
πείσαντες ἄξειν, ἢ πρὸς ἰσχύος κράτος.
καὶ ταῦτ' Ἀχαιοὶ πάντες ἤκουον σαφῶς 595
Ὀδυσσέως λέγοντος· οὗτος γὰρ πλέον
τὸ θάρσος εἶχε θἀτέρου δράσειν τάδε.
ΝΕ. τίνος δ' Ἀτρεῖδαι τοῦδ' ἄγαν οὕτω χρόνῳ
τοσῷδ' ἐπεστρέφοντο πράγματος χάριν,
ὅν γ' εἶχον ἤδη χρόνιον ἐκβεβληκότες; 600
τίς ὁ πόθος αὐτοὺς ἵκετ'; ἦ θεῶν βία
καὶ νέμεσις, αἵπερ ἔργ' ἀμύνουσιν κακά;
ΕΜ. ἐγὼ σὲ τοῦτ', ἴσως γὰρ οὐκ ἀκήκοας,
πᾶν ἐκδιδάξω. μάντις ἦν τις εὐγενής,
Πριάμου μὲν υἱός, ὄνομα δ' ὠνομάζετο 605
Ἕλενος, ὃν οὗτος νυκτὸς ἐξελθὼν μόνος
ὁ πάντ' ἀκούων αἰσχρὰ καὶ λωβήτ' ἔπη
δόλοις Ὀδυσσεὺς εἷλε· δέσμιόν τ' ἄγων
ἔδειξ' Ἀχαιοῖς ἐς μέσον, θήραν καλήν·
ὃς δὴ τά τ' ἄλλ' αὐτοῖσι πάντ' ἐθέσπισεν 610
καὶ τἀπὶ Τροίᾳ πέργαμ' ὡς οὐ μή ποτε

584 θ' Dobree: γ' codd. plerique
585 εἰμ' L^{ac}Vat: μὲν r: 'μ' KSz: Ἀτρείδαις codd.: αὐτοῖς Blaydes
587 λόγων Burges: λόγον codd.
602 αἵπερ Pallis: οἵπερ codd. plerique
608 δόλοις Housman: δόλιος codd.

πέρσοιεν, εἰ μὴ τόνδε πείσαντες λόγῳ
ἄγοιντο νήσου τῆσδ' ἐφ' ἧς ναίει τὰ νῦν.
καὶ ταῦθ' ὅπως ἤκουσ' ὁ Λαέρτου τόκος
τὸν μάντιν εἰπόντ', εὐθέως ὑπέσχετο 615
τὸν ἄνδρ' Ἀχαιοῖς τόνδε δηλώσειν ἄγων·
οἴοιτο μὲν μάλισθ' ἑκούσιον λαβών,
εἰ μὴ θέλοι δ', ἄκοντα· καὶ τούτων κάρα
τέμνειν ἐφεῖτο τῷ θέλοντι μὴ τυχών.
ἤκουσας, ὦ παῖ, πάντα· τὸ σπεύδειν δέ σοι 620
καὐτῷ παραινῶ κεἴ τινος κήδῃ πέρι.
ΦΙ. οἴμοι τάλας. ἦ κεῖνος, ἡ πᾶσα βλάβη,
ἔμ' εἰς Ἀχαιοὺς ὤμοσεν πείσας στελεῖν;
πεισθήσομαι γὰρ ὧδε κἀξ Ἅιδου θανὼν
πρὸς φῶς ἀνελθεῖν, ὥσπερ οὑκείνου πατήρ. 625
ΕΜ. οὐκ οἶδ' ἐγὼ ταῦτ'· ἀλλ' ἐγὼ μὲν εἶμ' ἐπὶ
ναῦν, σφῷν δ' ὅπως ἄριστα συμφέροι θεός.
ΦΙ. οὔκουν τάδ', ὦ παῖ, δεινά, τὸν Λαερτίου
ἔμ' ἐλπίσαι ποτ' ἂν λόγοισι μαλθακοῖς
δεῖξαι νεὼς ἄγοντ' ἐν Ἀργείοις μέσοις; 630
οὔ· θᾶσσον ἂν τῆς πλεῖστον ἐχθίστης ἐμοὶ
κλύοιμ' ἐχίδνης, ἥ μ' ἔθηκεν ὧδ' ἄπουν.
ἀλλ' ἔστ' ἐκείνῳ πάντα λεκτά, πάντα δὲ
τολμητά. καὶ νῦν οἶδ' ὁθούνεχ' ἵξεται.
ἀλλ', ὦ τέκνον, χωρῶμεν, ὡς ἡμᾶς πολὺ 635
πέλαγος ὁρίζῃ τῆς Ὀδυσσέως νεώς·
ἴωμεν· ἥ τοι καίριος σπουδὴ πόνου
λήξαντος ὕπνον κἀνάπαυλαν ἤγαγεν.
ΝΕ. οὐκοῦν ἐπειδὰν πνεῦμα τοὐκ πρῴρας ἀνῇ,
τότε στελοῦμεν· νῦν γὰρ ἀντιοστατεῖ. 640
ΦΙ. ἀεὶ καλὸς πλοῦς ἔσθ', ὅταν φεύγῃς κακά.
ΝΕ. οἶδ'· ἀλλὰ κἀκείνοισι ταῦτ' ἐναντία.
ΦΙ. οὐκ ἔστι λῃσταῖς πνεῦμ' ἐναντιούμενον,
ὅταν παρῇ κλέψαι τε χἀρπάσαι βίᾳ.
ΝΕ. ἀλλ' εἰ δοκεῖ, χωρῶμεν, ἔνδοθεν λαβὼν 645

639 ἀνῇ Lambinus: ἄῃ ISVrt: ἀγῇ a: ῥάῃ z
642 οἶδ'· ἀλλὰ Doederlein (cf. Ar.Vesp. 356): οὔκ· ἀλλὰ codd.
645 λαβών] λαβόνθ' Wyttenbach: λαβεῖν Page

ΣΟΦΟΚΛΕΟΥΣ ΦΙΛΟΚΤΗΤΗΣ

ὅτου σε χρεία καὶ πόθος μάλιστ' ἔχει.
ΦΙ. ἀλλ' ἔστιν ὧν δεῖ, καίπερ οὐ πολλῶν ἄπο.
ΝΕ. τί τοῦθ' ὃ μὴ νεώς γε τῆς ἐμῆς ἔπι;
ΦΙ. φύλλον τί μοι πάρεστιν ᾧ μάλιστ' ἀεὶ
κοιμῶ τόδ' ἕλκος, ὥστε πραΰνειν πάνυ. 650
ΝΕ. ἀλλ' ἔκφερ' αὐτό· τί γὰρ ἔτ' ἄλλ' ἐρᾷς λαβεῖν;
ΦΙ. εἴ μοί τι τόξων τῶνδ' ἀπημελημένον
παρερρύηκεν, ὡς λίπω μή τῳ λαβεῖν.
ΝΕ. ἦ ταῦτα γὰρ τὰ κλεινὰ τόξ' ἃ νῦν ἔχεις;
ΦΙ. ταῦτ', οὐ γὰρ ἄλλ' ἔστ', ἀλλ' ἃ βαστάζω χεροῖν. 655
ΝΕ. ἆρ' ἔστιν ὥστε κἀγγύθεν θέαν λαβεῖν,
καὶ βαστάσαι με προσκύσαι θ' ὥσπερ θεόν;
ΦΙ. σοί γ', ὦ τέκνον, καὶ τοῦτο κἄλλο τῶν ἐμῶν
ὁποῖον ἄν σοι ξυμφέρῃ γενήσεται.
ΝΕ. καὶ μὴν ἐρῶ γε· τὸν δ' ἔρωθ' οὕτως ἔχω· 660
εἴ μοι θέμις, θέλοιμ' ἄν· εἰ δὲ μή, πάρες.
ΦΙ. ὅσιά τε φωνεῖς ἔστι τ', ὦ τέκνον, θέμις,
ὅς γ' ἡλίου τόδ' εἰσορᾶν ἐμοὶ φάος
μόνος δέδωκας, ὃς χθόν' Οἰταίαν ἰδεῖν,
ὃς πατέρα πρέσβυν, ὃς φίλους, ὃς τῶν ἐμῶν 665
ἐχθρῶν μ' ἔνερθεν ὄντ' ἀνέστησας πέρα.
θάρσει, παρέσται ταῦτά σοι καὶ θιγγάνειν
καὶ δόντι δοῦναι κἀξεπεύξασθαι βροτῶν
ἀρετῆς ἕκατι τῶνδ' ἐπιψαῦσαι μόνον·
εὐεργετῶν γὰρ καὐτὸς αὔτ' ἐκτησάμην. 670
ΝΕ. οὐκ ἄχθομαί σ' ἰδών τε καὶ λαβὼν φίλον·
ὅστις γὰρ εὖ δρᾶν εὖ παθὼν ἐπίσταται,
παντὸς γένοιτ' ἂν κτήματος κρείσσων φίλος.
χωροῖς ἂν εἴσω.
ΦΙ.   καὶ σέ γ' εἰσάξω· τὸ γὰρ
νοσοῦν ποθεῖ σε ξυμπαραστάτην λαβεῖν. 675

---

648 ἔπι Aratus: ἔνι codd.
655 ἀλλ' ἔστ', ἀλλ' Seyffert: ἀλλ' ἔσθ', ἀλλ' GR: ἄλλα γ' ἔσθ' a: ἀλλ' ἐσθ' IVzt
669 μόνον codd.: μόνῳ Nauck
671-73 Neoptolemo tribuit Doederlein, Philoctetae codd.

ΣΟΦΟΚΛΕΟΥΣ ΦΙΛΟΚΤΗΤΗΣ

ΧΟ. λόγῳ μὲν ἐξήκουσ', ὄπωπα δ' οὐ μάλα,   Στρ. α'
τὸν πελάταν
λέκτρων ⟨σφετέρων⟩ ποτὲ
κατ' ἄμπυκα δὴ δρομάδ' ⟨Ἅιδου⟩
δέσμιον ὡς ἔλαβεν
παγκρατὴς Κρόνου παῖς·
ἄλλον δ' οὔτιν' ἔγωγ' οἶδα κλύων οὐδ' ἐσιδὼν μοίρᾳ   680
τοῦδ' ἐχθίονι συντυχόντα θνατῶν,
ὃς οὔτε τι ῥέξας τιν', οὔτε νοσφίσας,
ἀλλ' ἴσος ἔν ἴσοις ἀνήρ,
ὤλλυθ' ὧδ' ἀναξίως.   685
τόδε ⟨μὰν⟩ θαῦμά μ' ἔχει,
πῶς ποτε πῶς ποτ' ἀμφιπλήκτων
ῥοθίων μόνος κλύων, πῶς
ἄρα πανδάκρυτον οὕτω
βιοτὰν κατέσχεν·   690

ἵν' αὐτὸς ἦν πρόσουρος, οὐκ ἔχων βάσιν,   Ἀντ. α'
οὐδέ τιν' ἐγ-
χώρων, κακογείτονα,
παρ' ᾧ στόνον ἀντίτυπον ⟨νό-
σον⟩ βαρυβρῶτ' ἀποκλαύ-
σειεν αἱματηρόν·   695
οὐδ' ὃς θερμοτάταν αἱμάδα κηκιομέναν ἑλκέων
ἐνθήρου ποδὸς ἠπίοισι φύλλοις
κατευνάσειε, ⟨σπασμὸς⟩ εἴ τις ἐμπέσοι,
φορβάδος τι γᾶς ἑλών·   700
εἷρπε δ' ἄλλοτ' ἀλλ⟨αχ⟩ᾷ
τότ' ἂν εἰλυόμενος,
παῖς ἄτερ ὡς φίλας τιθήνας,

---

677 ⟨σφετέρων⟩ suppl. Lloyd-Jones & Wilson   post ποτὲ add. Διὸς Ἰξίονα codd.: Διὸς del. Stinton: Ἰξίονα iam Erfurdt
678 ⟨Ἅιδου⟩ exempli gratia suppl. Lloyd-Jones & Wilson   ἔλαβεν Vater: ἔλαβ' ὁ codd.
686 ⟨μὰν⟩ suppl. Lloyd-Jones & Wilson   μ' ἔχει Hermann
694 ⟨νόσον⟩ suppl. Lloyd-Jones & Wilson
696 post ὃς add. τὰν codd.: del. Erfurdt
699 ⟨σπασμὸς⟩ suppl. Dawe
700 τι Stinton: ἐκ τε codd.   ἑλών Turnebus: ἑλεῖν codd.
701 εἷρπε Bothe: ἕρπει codd.   δ' Hermann: γὰρ codd.   ἀλλαχᾷ Campbell: ἄλλᾳ codd.

ΣΟΦΟΚΛΕΟΥΣ ΦΙΛΟΚΤΗΤΗΣ 31

ὅθεν εὐμάρει᾽ ὑπάρχοι
πόρου, ἀνίκ᾽ ἐξανείη 705
δακέθυμος ἄτα·

οὐ φορβὰν ἱερᾶς γᾶς σπόρον, οὐκ ἄλλων   Στρ. β'
αἴρων τῶν νεμόμεσθ᾽ ἀνέρες ἀλφησταί,
πλὴν ἐξ ὠκυβόλων εἴ ποτε τόξων 710
πτανοῖς ἰοῖς ἀνύσειε γαστρὶ φορβάν.
ὦ μελέα ψυχά,
ὃς μηδ᾽ οἰνοχύτου πώματος ἤσθη δεκέτει χρόνῳ, 715
λεύσσων δ᾽ ὅπου γνοίη στατὸν εἰς ὕδωρ,
αἰεὶ προσενώμα.

νῦν δ᾽ ἀνδρῶν ἀγαθῶν παιδὸς ὑπαντήσας   Αντ. β'
εὐδαίμων ἀνύσει καὶ μέγας ἐκ κείνων· 720
ὅς νιν ποντοπόρῳ δούρατι, πλήθει
πολλῶν μηνῶν, πατρίαν ἄγει πρὸς αὐλὰν
Μηλιάδων νυμφᾶν, 725
Σπερχειοῦ τε παρ᾽ ὄχθας, ἵν᾽ ὁ χάλκασπις ἀνὴρ θεοῖς
πλάθη θεὸς θείῳ πυρὶ παμφαής,
Οἴτας ὑπὲρ ὄχθων.

ΝΕ. ἕρπ᾽, εἰ θέλεις. τί δή ποθ᾽ ὧδ᾽ ἐξ οὐδενὸς 730
λόγου σιωπᾷς κἀπόπληκτος ὧδ᾽ ἔχῃ;
ΦΙ. ἆ ἆ ἆ ἆ.
ΝΕ. τί ἔστιν;
ΦΙ. οὐδὲν δεινόν· ἀλλ᾽ ἴθ᾽, ὦ τέκνον.
ΝΕ. μῶν ἄλγος ἴσχεις σῆς παρεστώσης νόσου;
ΦΙ. οὐ δῆτ᾽ ἔγωγ᾽, ἀλλ᾽ ἄρτι κουφίζειν δοκῶ. 735
ἰὼ θεοί.
ΝΕ. τί τοὺς θεοὺς οὕτως ἀναστένων καλεῖς;

---

705 πόρου Wakefield: πόρον l: πόρων cett.
711 πτανοῖς ἰοῖς Erfurdt: πτανῶν πτανοῖς codd.
724 πατρίαν Porson: πατρῴαν codd.
726 ὄχθας Hermann: ὄχθαις codd.
728 πλάθη r, et coni. Bergk: πλάθει cett.   θεὸς Hermann: πᾶσι codd.
734 σῆς West: τῆς codd.
736 Ἰὼ θεοί codd. plerique: ὦ θεοί Zg, coni. anon. 1810.
737 οὕτως aZot: om. cett.: ὧδ᾽ anon. 1810.

ΦΙ. σωτῆρας αὐτοὺς ἠπίους θ' ἡμῖν μολεῖν.
ἆ ἆ ἆ ἆ.
ΝΕ. τί ποτε πέπονθας; οὐκ ἐρεῖς, ἀλλ' ὧδ' ἔσῃ 740
σιγηλός; ἐν κακῷ δέ τῳ φαίνῃ κυρῶν.
ΦΙ. ἀπόλωλα, τέκνον, κοὐ δυνήσομαι κακὸν
κρύψαι παρ' ὑμῖν, ἀτταταῖ· διέρχεται,
διέρχεται. δύστηνος, ὦ τάλας ἐγώ.
ἀπόλωλα, τέκνον· βρύκομαι, τέκνον· παπαῖ, 745
ἀπαππαπαῖ, παπᾶ παπᾶ παπᾶ παπαῖ.
πρὸς θεῶν, πρόχειρον εἴ τί σοι, τέκνον, πάρα
ξίφος χεροῖν, πάταξον εἰς ἄκρον πόδα·
ἀπάμησον ὡς τάχιστα· μὴ φείσῃ βίου.
ἴθ', ὦ παῖ. 750
ΝΕ. τί δ' ἔστιν οὕτω νεοχμὸν ἐξαίφνης, ὅτου
τοσήνδ' ἰυγὴν καὶ στόνον σαυτοῦ ποεῖς;
ΦΙ. οἶσθ', ὦ τέκνον.
ΝΕ. τί ἔστιν;
ΦΙ. οἶσθ', ὦ παῖ.
ΝΕ. τί σοί;
οὐκ οἶδα.
ΦΙ. πῶς οὐκ οἶσθα; παππαπαππαπαῖ.
ΝΕ. δεινόν γε τοὐπίσαγμα τοῦ νοσήματος. 755
ΦΙ. δεινὸν γὰρ οὐδὲ ῥητόν· ἀλλ' οἴκτιρέ με.
ΝΕ. τί δῆτα δράσω;
ΦΙ. μή με ταρβήσας προδῷς·
ἥκει γὰρ αὐτὴ διὰ χρόνου, πλάνης ἴσως
ὡς ἐξεπλήσθη.
ΝΕ. ἰὼ ἰὼ δύστηνε σύ,
δύστηνε δῆτα διὰ πόνων πάντων φανείς. 760
βούλῃ λάβωμαι δῆτα καὶ θίγω τί σου;
ΦΙ. μὴ δῆτα τοῦτό γ'· ἀλλά μοι τὰ τόξ' ἑλὼν
τάδ', ὥσπερ ᾔτου μ' ἀρτίως, ἕως ἀνῇ
τὸ πῆμα τοῦτο τῆς νόσου τὸ νῦν παρόν, 765

---

752 πο(ι)εῖς codd.: ποεῖ Jebb
758 αὐτὴ F. W. Schmidt: αὕτη codd. plerique   πλάνης r: πλάνοις cett.
759 ἰὼ ἰὼ codd. plerique (etiam Ta): φεῦ ἰὼ (Philoctetae continuatum) T: νόσος. ΝΕ. ἰὼ Robertson   post σύ add. ἰὼ KVZgTa

ΣΟΦΟΚΛΕΟΥΣ ΦΙΛΟΚΤΗΤΗΣ

σῷζ' αὐτὰ καὶ φύλασσε. λαμβάνει γὰρ οὖν
ὕπνος μ', ὅταν περ τὸ κακὸν ἐξίῃ τόδε·
κοὐκ ἔστι λῆξαι πρότερον· ἀλλ' ἐᾶν χρεὼν
ἔκηλον εὕδειν. ἢν δὲ τῷδε τῷ χρόνῳ
μόλωσ' ἐκεῖνοι, πρὸς θεῶν, ἐφίεμαι   770
ἑκόντα μήτ' ἄκοντα, μήτε τῳ τέχνῃ
κείνοις μεθεῖναι ταῦτα, μὴ σαυτόν θ' ἅμα
κἄμ', ὄντα σαυτοῦ πρόστροπον, κτείνας γένῃ.
ΝΕ. θάρσει προνοίας οὕνεκ'· οὐ δοθήσεται
πλὴν σοί τε κἀμοί· ξὺν τύχῃ δὲ πρόσφερε.   775
ΦΙ. ἰδού, δέχου, παῖ· τὸν φθόνον δὲ πρόσκυσον,
μή σοι γενέσθαι πολύπον' αὐτά, μηδ' ὅπως
ἐμοί τε καὶ τῷ πρόσθ' ἐμοῦ κεκτημένῳ.
ΝΕ. ὦ θεοί, γένοιτο ταῦτα νῷν· γένοιτο δὲ
πλοῦς οὔριός τε κεὐσταλὴς ὅποι ποτὲ   780
θεὸς δικαιοῖ χὠ στόλος πορσύνεται.
ΦΙ. ἆ ἆ ἆ ἆ.
δέδοικ' ⟨δ'⟩, ὦ παῖ, μὴ ἀτελὴς εὐχὴ ⟨τύχῃ⟩·
στάζει γὰρ αὖ μοι φοίνιον τόδ' ἐκ βυθοῦ
κηκῖον αἷμα, καί τι προσδοκῶ νέον.
παπαῖ, φεῦ.   785
παπαῖ μάλ', ὦ πούς, οἷά μ' ἐργάσῃ κακά.
προσέρπει,
προσέρχεται τόδ' ἐγγύς. οἴμοι μοι τάλας.
ἔχετε τὸ πρᾶγμα· μὴ φύγητε μηδαμῇ.
ἀτταταῖ.   790
ὦ ξένε Κεφαλλήν, εἴθε σοῦ διαμπερὲς
στέρνων ἵκοιτ' ἄλγησις ἥδε. φεῦ, παπαῖ.
παπαῖ μάλ' αὖθις. ὦ διπλοῖ στρατηλάται,
Ἀγάμεμνον, ὦ Μενέλαε, πῶς ἂν ἀντ' ἐμοῦ
τὸν ἴσον χρόνον τρέφοιτε τήνδε τὴν νόσον;   795
ὤμοι μοι.
ὦ θάνατε θάνατε, πῶς ἀεὶ καλούμενος

---

769 post εὕδειν add μ' Zn
782 ἆ ἆ ἆ ἆ Philp: ἀλλὰ codd. plerique   ⟨δ'⟩, ⟨τύχῃ⟩ suppl. Wunder
792 ἵκοιτ' Wakefield: ἔχοιτ' codd.
794 del. Lloyd-Jones & Wilson post E. Philipp

ΣΟΦΟΚΛΕΟΥΣ ΦΙΛΟΚΤΗΤΗΣ

οὕτω κατ' ἦμαρ οὐ δύνῃ μολεῖν ποτε;
ὦ τέκνον, ὦ γενναῖον, ἀλλὰ συλλαβὼν
τῷ Λημνίῳ τῷδ' ἀνακαλουμένῳ πυρὶ 800
ἔμπρησον, ὦ γενναῖε· κἀγώ τοί ποτε
τὸν τοῦ Διὸς παῖδ' ἀντὶ τῶνδε τῶν ὅπλων,
ἃ νῦν σὺ σῴζεις, τοῦτ' ἐπηξίωσα δρᾶν.
τί φής, παῖ;
τί φής; τί σιγᾷς; ποῦ ποτ' ὤν, τέκνον, κυρεῖς; 805
ΝΕ. ἀλγῶ πάλαι δὴ τἀπὶ σοὶ στένων κακά.
ΦΙ. ἀλλ', ὦ τέκνον, καὶ θάρσος ἴσχ'· ὡς ἥδε μοι
ὀξεῖα φοιτᾷ καὶ ταχεῖ' ἀπέρχεται.
ἀλλ' ἀντιάζω, μή με καταλίπῃς μόνον.
ΝΕ. θάρσει, μενοῦμεν. 810
ΦΙ.   ἦ μενεῖς;
ΝΕ.   σαφῶς φρόνει.
ΦΙ. οὐ μήν σ' ἔνορκόν γ' ἀξιῶ θέσθαι, τέκνον.
ΝΕ. ὡς οὐ θέμις γ' ἐμοῦστι σοῦ μολεῖν ἄτερ.
ΦΙ. ἔμβαλλε χειρὸς πίστιν.
ΝΕ.   ἐμβάλλω μενεῖν.
ΦΙ. ἐκεῖσε νῦν μ', ἐκεῖσε —
ΝΕ.   ποῖ λέγεις;
ΦΙ.   ἄνω —
ΝΕ. τί παραφρονεῖς αὖ; τί τὸν ἄνω λεύσσεις κύκλον; 815
ΦΙ. μέθες μέθες με.
ΝΕ.   ποῖ μεθῶ;
ΦΙ.   μέθες ποτέ.
ΝΕ. οὔ φημ' ἐάσειν.
ΦΙ.   ἀπό μ' ὀλεῖς, ἢν προσθίγῃς.
ΝΕ. καὶ δὴ μεθίημ', εἴ τι δὴ πλέον φρονεῖς.
ΦΙ. ὦ γαῖα, δέξαι θανάσιμόν μ' ὅπως ἔχω·
τὸ γὰρ κακὸν τόδ' οὐκέτ' ὀρθοῦσθαί μ' ἐᾷ. 820
ΝΕ. τὸν ἄνδρ' ἔοικεν ὕπνος οὐ μακροῦ χρόνου
ἕξειν· κάρα γὰρ ὑπτιάζεται τόδε·
ἱδρώς γέ τοί νιν πᾶν καταστάζει δέμας,
μέλαινά τ' ἄκρου τις παρέρρωγεν ποδὸς

---

812 ἐμοῦστι Hermann: ἐμοί 'στι fere codd.: ἔμ' ἴσθι V
818 εἴ τι δὴ Hermann: τί δὲ δὴ a: σε τί δὴ T, v.l. in z: τί δὴ cett.

ΣΟΦΟΚΛΕΟΥΣ ΦΙΛΟΚΤΗΤΗΣ

αἱμορραγὴς φλέψ. ἀλλ' ἐάσωμεν, φίλοι, 825
ἔκηλον αὐτόν, ὡς ἂν εἰς ὕπνον πέσῃ.

ΧΟ. Ὕπν' ὀδύνας ἀδαής, Ὕπνε δ' ἀλγέων, Στρ.
εὐαὴς ἡμῖν ἔλθοις, εὐαίων,
εὐαίων, ὦναξ· ὄμμασι δ' ἀντίσχοις 830
τάνδ' αἴγλαν, ἃ τέταται τανῦν.
ἴθι ἴθι μοι, Παιών.
ὦ τέκνον, ὅρα ποῦ στάσῃ,
ποῖ δὲ βάσῃ,
πῶς δέ σοι τἀντεῦθεν
φροντίδος. ὁρᾷς ἤδη. 835
πρὸς τί μένομεν πράσσειν;
καιρός τοι πάντων γνώμαν ἴσχων
⟨πολύ τι⟩ πολὺ παρὰ πόδα κράτος ἄρνυται.

ΝΕ. ἀλλ' ὅδε μὲν κλύει οὐδέν, ἐγὼ δ' ὁρῶ οὕνεκα θήραν
τήνδ' ἁλίως ἔχομεν τόξων, δίχα τοῦδε πλέοντες. 840
τοῦδε γὰρ ὁ στέφανος, τοῦτον θεὸς εἶπε κομίζειν.
κομπεῖν δ' ἔργ' ἀτελῆ σὺν ψεύδεσιν αἰσχρὸν ὄνειδος.

ΧΟ. ἀλλά, τέκνον, τάδε μὲν θεὸς ὄψεται· Ἀντ.
ὧν δ' ἂν κἀμείβῃ μ' αὖθις, βαιάν μοι,
βαιάν, ὦ τέκνον, 845
πέμπε λόγων φήμαν·
ὡς πάντων ἐν νόσῳ εὐδρακὴς
ὕπνος ἄυπνος λεύσσειν.
ἀλλ' ὅ τι δύνᾳ μάκιστον,
κεῖνο ⟨δή⟩ μοι,
κεῖνό ⟨μοι⟩ λαθραίως 850

---

830 ἀντίσχοις Musgrave: ἀντέχοις codd.
834 σοι Blaydes: μοι codd.
835 ἤδη] εὕδει Herwerden
836 μένομεν Erfurdt: μενοῦμεν codd.
838 ⟨πολύ τι⟩ suppl. Hermann
842 ἔργ' Blaydes: ἔστ' codd.
844 κἀμείβῃ Hermann: ἀμείβῃ codd.
849 ⟨δή⟩ suppl. Hermann
850 ⟨μοι⟩ supl. Kuiper   λαθραίως Campbell: λάθρᾳ codd.

ἐξιδοῦ ὅπως πράξεις.
οἶσθα γὰρ ὃν αὐδῶμαι·
εἰ ταύταν τούτῳ γνώμαν ἴσχεις,
μάλα τοι ἄπορα πυκινοῖς ἐνιδεῖν πάθη.

οὖρός τοι, τέκνον, οὖρος· ἀ-   Επ.   855
νὴρ δ' ἀνόμματος, οὐδ' ἔχων ἀρωγάν,
ἐκτέταται νύχιος —
ἀδεὴς ὕπνος ἐσθλός —
οὐ χερός, οὐ ποδός, οὔτινος ἄρχων,   860
ἀλλά τις ὡς Ἀίδᾳ παρα κείμενος.
ὅρα, βλέπ' εἰ καίρια
φθέγγῃ· τὸ δ' ἁλώσιμον
ἐμᾷ φροντίδι, παῖ, πόνος
ὁ μὴ φοβῶν κράτιστος.

ΝΕ. σιγᾶν κελεύω, μηδ' ἀφεστάναι φρενῶν.   865
     κινεῖ γὰρ ἀνὴρ ὄμμα κἀνάγει κάρα.
ΦΙ. ὦ φέγγος ὕπνου διάδοχον, τό τ' ἐλπίδων
     ἄπιστον οἰκούρημα τῶνδε τῶν ξένων.
     οὐ γάρ ποτ', ὦ παῖ, τοῦτ' ἂν ἐξηύχησ' ἐγώ,
     τλῆναί σ' ἐλεινῶς ὧδε τἀμὰ πήματα   870
     μεῖναι παρόντα καὶ ξυνωφελοῦντά μοι.
     οὔκουν Ἀτρεῖδαι τοῦτ' ἔτλησαν εὐφόρως
     οὕτως ἐνεγκεῖν, ἀγαθοὶ στρατηλάται.
     ἀλλ' εὐγενὴς γὰρ ἡ φύσις κἀξ εὐγενῶν,
     ὦ τέκνον, ἡ σή, πάντα ταῦτ' ἐν εὐχερεῖ   875
     ἔθου, βοῆς τε καὶ δυσοσμίας γέμων.
     καὶ νῦν ἐπειδὴ τοῦδε τοῦ κακοῦ δοκεῖ
     λήθη τις εἶναι κἀνάπαυλα δή, τέκνον,
     σύ μ' αὐτὸς ἆρον, σύ με κατάστησον, τέκνον,
     ἵν', ἡνίκ' ἂν κόπος μ' ἀπαλλάξῃ ποτέ,   880
     ὁρμώμεθ' ἐς ναῦν μηδ' ἐπίσχωμεν τὸ πλεῖν.
ΝΕ. ἀλλ' ἥδομαι μέν σ' εἰσιδὼν παρ' ἐλπίδα

---

853 ταύταν G: ταυτὰν fere rell.: ταυτᾷ Dobree
859 ἀδεὴς Reiske: ἀλεὴς codd.
861 τις ὡς Wunder: ὥς τις codd. plerique
872 εὐφόρως Brunck: εὐπόρως codd.

ΣΟΦΟΚΛΕΟΥΣ ΦΙΛΟΚΤΗΤΗΣ

ἀνώδυνον βλέποντα κἀμπνέοντ' ἔτι·
ὡς οὐκέτ' ὄντος γὰρ τὰ συμβόλαιά σου
πρὸς τὰς παρούσας ξυμφορὰς ἐφαίνετο. 885
νῦν δ' αἶρε σαυτόν· εἰ δέ σοι μᾶλλον φίλον,
οἴσουσί σ' οἴδε· τοῦ πόνου γὰρ οὐκ ὄκνος,
ἐπείπερ οὕτω σοί τ' ἔδοξ' ἐμοί τε δρᾶν.
ΦΙ. αἰνῶ τάδ', ὦ παῖ, καί μ' ἔπαιρ', ὥσπερ νοεῖς·
τούτους δ' ἔασον, μὴ βαρυνθῶσιν κακῇ 890
ὀσμῇ πρὸ τοῦ δέοντος· οὐπὶ νηὶ γὰρ
ἅλις πόνος τούτοισι συνναίειν ἐμοί.
ΝΕ. ἔσται τάδ'· ἀλλ' ἴστω τε καὐτὸς ἀντέχου.
ΦΙ. θάρσει· τό τοι σύνηθες ὀρθώσει μ' ἔθος.
ΝΕ. παπαῖ· τί δῆτ' ἂν δρῷμ' ἐγὼ τοὐνθένδε γε; 895
ΦΙ. τί δ' ἔστιν, ὦ παῖ; ποῖ ποτ' ἐξέβης λόγῳ;
ΝΕ. οὐκ οἶδ' ὅποι χρὴ τἄπορον τρέπειν ἔπος.
ΦΙ. ἀπορεῖς δὲ τοῦ σύ; μὴ λέγ', ὦ τέκνον, τάδε.
ΝΕ. ἀλλ' ἐνθάδ' ἤδη τοῦδε τοῦ πάθους κυρῶ.
ΦΙ. οὐ δή σε δυσχέρεια τοῦ νοσήματος 900
ἔπαισεν ὥστε μή μ' ἄγειν ναύτην ἔτι;
ΝΕ. ἅπαντα δυσχέρεια, τὴν αὑτοῦ φύσιν
ὅταν λιπών τις δρᾷ τὰ μὴ προσεικότα.
ΦΙ. ἀλλ' οὐδὲν ἔξω τοῦ φυτεύσαντος σύ γε
δρᾷς οὐδὲ φωνεῖς, ἐσθλὸν ἄνδρ' ἐπωφελῶν. 905
ΝΕ. αἰσχρὸς φανοῦμαι· τοῦτ' ἀνιῶμαι πάλαι.
ΦΙ. οὔκουν ἐν οἷς γε δρᾷς· ἐν οἷς δ' αὐδᾷς ὀκνῶ.
ΝΕ. ὦ Ζεῦ, τί δράσω; δεύτερον ληφθῶ κακός,
κρύπτων θ' ἃ μὴ δεῖ καὶ λέγων αἴσχιστ' ἐπῶν;
ΦΙ. ἁνὴρ ὅδ', εἰ μὴ 'γὼ κακὸς γνώμην ἔφυν, 910
προδούς μ' ἔοικεν κἀκλιπὼν τὸν πλοῦν στελεῖν.
ΝΕ. λιπὼν μὲν οὐκ ἔγωγε, λυπηρῶς δὲ μὴ
πέμπω σε μᾶλλον, τοῦτ' ἀνιῶμαι πάλαι.
ΦΙ. τί ποτε λέγεις, ὦ τέκνον; ὡς οὐ μανθάνω.
ΝΕ. οὐδέν σε κρύψω· δεῖ γὰρ ἐς Τροίαν σε πλεῖν 915
πρὸς τοὺς Ἀχαιοὺς καὶ τὸν Ἀτρειδῶν στόλον.

895 δῆτ' ἂν Schaefer et anon. (1810): δῆτα codd.
897 ὅποι codd. plerique: ὅπῃ GRZgt
901 ἔπαισεν LSr: ἔπεισεν Vazt

ΦΙ. οἴμοι, τί εἶπας;
ΝΕ.   μὴ στέναζε πρὶν μάθῃς.
ΦΙ. ποῖον μάθημα; τί με νοεῖς δρᾶσαί ποτε;
ΝΕ. σῶσαι κακοῦ μὲν πρῶτα τοῦδ', ἔπειτα δὲ
ξὺν σοὶ τὰ Τροίας πεδία πορθῆσαι μολών. 920
ΦΙ. καὶ ταῦτ' ἀληθῆ δρᾶν νοεῖς;
ΝΕ.   πολλὴ κρατεῖ
τούτων ἀνάγκη· καὶ σὺ μὴ θυμοῦ κλύων.
ΦΙ. ἀπόλωλα τλήμων, προδέδομαι. τί μ', ὦ ξένε,
δέδρακας; ἀπόδος ὡς τάχος τὰ τόξα μοι.
ΝΕ. ἀλλ' οὐχ οἷόν τε· τῶν γὰρ ἐν τέλει κλύειν 925
τό τ' ἔνδικόν με καὶ τὸ συμφέρον ποεῖ.
ΦΙ. ὦ πῦρ σὺ καὶ πᾶν δεῖμα καὶ πανουργίας
δεινῆς τέχνημ' ἔχθιστον, οἷά μ' εἰργάσω,
οἷ' ἠπάτηκας· οὐδ' ἐπαισχύνῃ μ' ὁρῶν
τὸν προστρόπαιον, τὸν ἱκέτην, ὦ σχέτλιε; 930
ἀπεστέρηκας τὸν βίον τὰ τόξ' ἑλών·
ἀπόδος, ἱκνοῦμαί σ', ἀπόδος, ἱκετεύω, τέκνον.
πρὸς θεῶν πατρῴων, τὸν βίον με μὴ ἀφέλῃ.
ὤμοι τάλας. ἀλλ' οὐδὲ προσφωνεῖ μ' ἔτι,
ἀλλ' ὡς μεθήσων μήποθ', ὧδ' ὁρᾷ πάλιν. 935
ὦ λιμένες, ὦ προβλῆτες, ὦ ξυνουσίαι
θηρῶν ὀρείων, ὦ καταρρῶγες πέτραι,
ὑμῖν τάδ', οὐ γὰρ ἄλλον οἶδ' ὅτῳ λέγω,
ἀνακλαίομαι παροῦσι τοῖς εἰωθόσιν,
οἷ' ἔργ' ὁ παῖς μ' ἔδρασεν οὑξ Ἀχιλλέως· 940
ὀμόσας ἀπάξειν οἴκαδ', ἐς Τροίαν μ' ἄγει·
προσθείς τε χεῖρα δεξιάν, τὰ τόξα μου
ἱερὰ λαβὼν τοῦ Ζηνὸς Ἡρακλέους ἔχει,
καὶ τοῖσιν Ἀργείοισι φήνασθαι θέλει,
ὡς ἄνδρ' ἑλὼν ἰσχυρὸν ἐκ βίας μ' ἄγει. 945
κοὐκ οἶδ' ἐναίρων νεκρόν, ἢ καπνοῦ σκιάν,
εἴδωλον ἄλλως. οὐ γὰρ ἂν σθένοντά γε
εἷλέν μ'· ἐπεὶ οὐδ' ἂν ὧδ' ἔχοντ', εἰ μὴ δόλῳ.

933 με μὴ ἀφέλῃ Elmsley: μή μου 'φέλῃς a: μή μ' ἀφέλῃς cett.
945 ἑλὼν Zg, Suda s.v. κακοπινέστατον: ἑλών μ' cett.   μ' LQZg, Sudae codd plerique: om. cett.

ΣΟΦΟΚΛΕΟΥΣ ΦΙΛΟΚΤΗΤΗΣ

νῦν δ' ἠπάτημαι δύσμορος. τί χρή με δρᾶν;
⟨ἀλλ'⟩ ἀπόδος. ἀλλὰ νῦν ἔτ' ἐν σαυτοῦ γενοῦ. 950
τί φής; σιωπᾷς. οὐδέν εἰμ' ὁ δύσμορος.
ὦ σχῆμα πέτρας δίπυλον, αὖθις αὖ πάλιν
εἴσειμι πρὸς σὲ ψιλός, οὐκ ἔχων τροφήν·
ἀλλ' αὐανοῦμαι τῷδ' ἐν αὐλίῳ μόνος,
οὐ πτηνὸν ὄρνιν, οὐδὲ θῆρ' ὀρειβάτην 955
τόξοις ἐναίρων τοισίδ', ἀλλ' αὐτὸς τάλας
θανὼν παρέξω δαῖτ' ἀφ' ὧν ἐφερβόμην,
καί μ' οὓς ἐθήρων πρόσθε θηράσουσι νῦν·
φόνον φόνου δὲ ῥύσιον τείσω τάλας
πρὸς τοῦ δοκοῦντος οὐδὲν εἰδέναι κακόν. 960
ὄλοιο—μή πω, πρὶν μάθοιμ', εἰ καὶ πάλιν
γνώμην μετοίσεις· εἰ δὲ μή, θάνοις κακῶς.
ΧΟ. τί δρῶμεν; ἐν σοὶ καὶ τὸ πλεῖν ἡμᾶς, ἄναξ,
ἤδη 'στὶ καὶ τοῖς τοῦδε προσχωρεῖν λόγοις.
ΝΕ. ἐμοὶ μὲν οἶκτος δεινὸς ἐμπέπτωκέ τις 965
τοῦδ' ἀνδρὸς οὐ νῦν πρῶτον, ἀλλὰ καὶ πάλαι.
ΦΙ. ἐλέησον, ὦ παῖ, πρὸς θεῶν, καὶ μὴ παρῇς
σαυτοῦ βροτοῖς ὄνειδος, ἐκκλέψας ἐμέ.
ΝΕ. οἴμοι, τί δράσω; μήποτ' ὤφελον λιπεῖν
τὴν Σκῦρον· οὕτω τοῖς παροῦσιν ἄχθομαι. 970
ΦΙ. οὐκ εἶ κακὸς σύ· πρὸς κακῶν δ' ἀνδρῶν μαθὼν
ἔοικας ἥκειν αἰσχρά. νῦν δ' ἄλλοισι δοὺς
ὅσ' εἰκός ἔκπλει, τἄμ' ἐμοὶ μεθεὶς ὅπλα.
ΝΕ. τί δρῶμεν, ἄνδρες;
ΟΔ.   ὦ κάκιστ' ἀνδρῶν, τί δρᾷς;
οὐκ εἶ μεθεὶς τὰ τόξα ταῦτ' ἐμοί πάλιν; 975
ΦΙ. οἴμοι, τίς ἀνήρ; ἆρ' Ὀδυσσέως κλύω;
ΟΔ. Ὀδυσσέως, σάφ' ἴσθ', ἐμοῦ γ', ὃν εἰσορᾷς.
ΦΙ. οἴμοι· πέπραμαι κἀπόλωλ'· ὅδ' ἦν ἄρα
ὁ ξυλλαβών με κἀπονοσφίσας ὅπλων.

---

950 ⟨Ἀλλ'⟩ suppl. Turnebus   σαυτοῦ A: σαυτῷ cett. (cf. MacDowell ad Ar. *Vesp.* 642; Men. *Samia* 340 Sandbach).
957 ἀφ' Wunder: ὑφ' codd.
968 σαυτοῦ codd. plerique: σαυτὸν r
972 ἄλλοισι] ἄλλοις σε Wakefield
973 ὅσ' Wilson: οἷς codd.: οἷ' Dindorf   τἄμ' ἐμοὶ Platt: τἀμά μοι codd.

ΟΔ. ἐγώ, σάφ' ἴσθ', οὐκ ἄλλος· ὁμολογῶ τάδε. 980
ΦΙ. ἀπόδος, ἄφες μοι, παῖ, τὰ τόξα.
ΟΔ. τοῦτο μέν,
οὐδ' ἢν θέλῃ, δράσει ποτ'· ἀλλὰ καὶ σὲ δεῖ
στείχειν ἅμ' αὐτοῖς, ἢ βίᾳ στελοῦσί σε.
ΦΙ. ἔμ', ὦ κακῶν κάκιστε καὶ τολμήστατε,
οἵδ' ἐκ βίας ἄξουσιν; 985
ΟΔ. ἢν μὴ ἕρπῃς ἑκών.
ΦΙ. ὦ Λημνία χθὼν καὶ τὸ παγκρατὲς σέλας
Ἡφαιστότευκτον, ταῦτα δῆτ' ἀνασχετά,
εἴ μ' οὗτος ἐκ τῶν σῶν ἀπάξεται βίᾳ;
ΟΔ. Ζεύς ἐσθ', ἵν' εἰδῇς, Ζεύς, ὁ τῆσδε γῆς κρατῶν,
Ζεύς, ᾧ δέδοκται ταῦθ'· ὑπηρετῶ δ' ἐγώ. 990
ΦΙ. ὦ μῖσος, οἷα κἀξανευρίσκεις λέγειν·
θεοὺς προτείνων τοὺς θεοὺς ψευδεῖς τίθης.
ΟΔ. οὔκ, ἀλλ' ἀληθεῖς. ἡ δ' ὁδὸς πορευτέα.
ΦΙ. οὔ φημ'.
ΟΔ. ἐγὼ δέ φημι· πειστέον τάδε.
ΦΙ. οἴμοι τάλας. ἡμᾶς μὲν ὡς δούλους σαφῶς 995
πατὴρ ἄρ' ἐξέφυσεν οὐδ' ἐλευθέρους.
ΟΔ. οὔκ, ἀλλ' ὁμοίους τοῖς ἀριστεῦσιν, μεθ' ὧν
Τροίαν σ' ἑλεῖν δεῖ καὶ κατασκάψαι βίᾳ.
ΦΙ. οὐδέποτέ γ'· οὐδ' ἢν χρῇ με πᾶν παθεῖν κακόν,
ἕως ἂν ᾖ μοι γῆς τόδ' αἰπεινὸν βάθρον. 1000
ΟΔ. τί δ' ἐργασείεις;
ΦΙ. κρᾶτ' ἐμὸν τόδ' αὐτίκα
πέτρᾳ πέτρας ἄνωθεν αἱμάξω πεσών.
ΟΔ. ξυλλάβετον αὐτόν· μὴ 'πὶ τῷδ' ἔστω τάδε.
ΦΙ. ὦ χεῖρες, οἷα πάσχετ' ἐν χρείᾳ φίλης
νευρᾶς, ὑπ' ἀνδρὸς τοῦδε συνθηρώμεναι. 1005
ὦ μηδὲν ὑγιὲς μηδ' ἐλεύθερον φρονῶν,
οἷ' αὖ μ' ὑπῆλθες, ὥς μ' ἐθηράσω, λαβὼν

---

992 τίθης Auratus: τιθείς vel τιθεῖς codd.
994 οὔ φημ'. ΟΔ. ἐγὼ δὲ Gernhard: οὔ φημ' ἔγωγε codd.
997 ἀριστεῦσιν Nauck: ἀριστεῦσι G: ἀριστεύσασι R: ἀρίστοισιν cett.
1003 ξυλλάβετον Bernhardy: ξυλλάβετ' codd. plerique: ξυλλάβετέ γ' a
1007 οἷ' αὖ Hermann; οἷόν Zg, v.l. in a, coni. Blaydes: οἷα fere codd.

πρόβλημα σαυτοῦ παῖδα τόνδ' ἀγνῶτ' ἐμοί,
ἀνάξιον μὲν σοῦ, κατάξιον δ' ἐμοῦ,
ὃς οὐδὲν ᾔδει πλὴν τὸ προσταχθὲν ποεῖν, 1010
δῆλος δὲ καὶ νῦν ἐστιν ἀλγεινῶς φέρων
οἷς τ' αὐτὸς ἐξήμαρτεν οἷς τ' ἐγὼ 'παθον.
ἀλλ' ἡ κακὴ σὴ διὰ μυχῶν βλέπουσ' ἀεὶ
ψυχή νιν ἀφυᾶ τ' ὄντα κοὐ θέλονθ' ὅμως
εὖ προὐδίδαξεν ἐν κακοῖς εἶναι σοφόν. 1015
καὶ νῦν ἔμ', ὦ δύστηνε, συνδήσας νοεῖς
ἄγειν ἀπ' ἀκτῆς τῆσδ', ἐν ᾗ με προὔβάλου
ἄφιλον, ἐρῆμον, ἄπολιν, ἐν ζῶσιν νεκρόν.
φεῦ.
ὄλοιο· καίτοι πολλάκις τόδ' ηὐξάμην.
ἀλλ' οὐ γὰρ οὐδὲν θεοὶ νέμουσιν ἡδύ μοι, 1020
σὺ μὲν γέγηθας ζῶν, ἐγὼ δ' ἀλγύνομαι
τοῦτ' αὔθ' ὅτι ζῶ σὺν κακοῖς πολλοῖς τάλας,
γελώμενος πρὸς σοῦ τε καὶ τῶν Ἀτρέως
διπλῶν στρατηγῶν, οἷς σὺ ταῦθ' ὑπηρετεῖς.
καίτοι σὺ μὲν κλοπῇ τε κἀνάγκῃ ζυγεὶς 1025
ἔπλεις ἅμ' αὐτοῖς, ἐμὲ δὲ τὸν πανάθλιον
ἑκόντα πλεύσανθ' ἑπτὰ ναυσὶ ναυβάτην
ἄτιμον ἔβαλον, ὡς σὺ φῄς, κεῖνοι δὲ σέ.
καὶ νῦν τί μ' ἄγετε; τί μ' ἀπάγεσθε; τοῦ χάριν;
ὃς οὐδέν εἰμι καὶ τέθνηχ' ὑμῖν πάλαι. 1030
πῶς, ὦ θεοῖς ἔχθιστε, νῦν οὐκ εἰμί σοι
χωλός, δυσώδης; πῶς θεοῖς ἔξεσθ', ὁμοῦ
πλεύσαντος, αἴθειν ἱερά; πῶς σπένδειν ἔτι;
αὕτη γὰρ ἦν σοι πρόφασις ἐκβαλεῖν ἐμέ.
κακῶς ὄλοισθ'· ὀλεῖσθε δ' ἠδικηκότες 1035
τὸν ἄνδρα τόνδε, θεοῖσιν εἰ δίκης μέλει.
ἔξοιδα δ' ὡς μέλει γ'· ἐπεὶ οὔποτ' ἂν στόλον
ἐπλεύσατ' ἂν τόνδ' οὕνεκ' ἀνδρὸς ἀθλίου—

1019 καίτοι Wakefield: καί σοι vel καὶ σὺ codd.
1032 ἔξεσθ' Pierson: εὔξεσθ' codd.   ὁμοῦ Gyp, coni. Gernhard: ἐμοῦ codd.
1034 del. Mollweide
1035 ὀλεῖσθε Brunck: ὄλοισθε codd.

εἰ μή τι κέντρον θεῖον ἦγ' ὑμᾶς—ἐμοῦ.
ἀλλ', ὦ πατρῷα γῆ θεοί τ' ἐπόψιοι,
τείσασθε τείσασθ' ἀλλὰ τῷ χρόνῳ ποτὲ
ξύμπαντας αὐτούς, εἴ τι κἄμ' οἰκτίρετε.
ὡς ζῶ μὲν οἰκτρῶς, εἰ δ' ἴδοιμ' ὀλωλότας
τούτους, δοκοῖμ' ἂν τῆς νόσου πεφευγέναι.
ΧΟ. βαρύς τε καὶ βαρεῖαν ὁ ξένος φάτιν
τήνδ' εἶπ', Ὀδυσσεῦ, κοὐχ ὑπείκουσαν κακοῖς.
ΟΔ. πόλλ' ἂν λέγειν ἔχοιμι πρὸς τὰ τοῦδ' ἔπη,
εἴ μοι παρείκοι· νῦν δ' ἑνὸς κρατῶ λόγου.
οὗ γὰρ τοιούτων δεῖ, τοιοῦτός εἰμ' ἐγώ·
χὤπου δικαίων κἀγαθῶν ἀνδρῶν κρίσις,
οὐκ ἂν λάβοις μου μᾶλλον οὐδέν' εὐσεβῆ.
νικᾶν γε μέντοι πανταχοῦ χρῄζων ἔφυν,
πλὴν ἐς σέ· νῦν δὲ σοί γ' ἑκὼν ἐκστήσομαι.
ἄφετε γὰρ αὐτόν, μηδὲ προσψαύσητ' ἔτι·
ἐᾶτε μίμνειν. οὐδὲ σοῦ προσχρῄζομεν,
τά γ' ὅπλ' ἔχοντες ταῦτ'· ἐπεὶ πάρεστι μὲν
Τεῦκρος παρ' ἡμῖν, τήνδ' ἐπιστήμην ἔχων,
ἐγώ θ', ὃς οἶμαι σοῦ κάκιον οὐδὲν ἂν
τούτων κρατύνειν, μηδ' ἐπιθύνειν χερί.
τί δῆτα σοῦ δεῖ; χαῖρε τὴν Λῆμνον πατῶν.
ἡμεῖς δ' ἴωμεν. καὶ τάχ' ἂν τὸ σὸν γέρας
τιμὴν ἐμοὶ νείμειεν, ἣν σὲ χρῆν ἔχειν.
ΦΙ. οἴμοι· τί δράσω δύσμορος; σὺ τοῖς ἐμοῖς
ὅπλοισι κοσμηθεὶς ἐν Ἀργείοις φανῇ;
ΟΔ. μή μ' ἀντιφώνει μηδέν, ὡς στείχοντα δή.
ΦΙ. ὦ σπέρμ' Ἀχιλλέως, οὐδὲ σοῦ φωνῆς ἔτι
γενήσομαι προσφθεγκτός, ἀλλ' οὕτως ἄπει;
ΟΔ. χώρει σύ· μὴ πρόσλευσσε, γενναῖός περ ὤν,
ἡμῶν ὅπως μὴ τὴν τύχην διαφθερεῖς.
ΦΙ. ἦ καὶ πρὸς ὑμῶν ὧδ' ἔρημος, ὦ ξένοι,
λειφθήσομαι δὴ κοὐκ ἐποικτερεῖτέ με;
ΧΟ. ὅδ' ἐστὶν ἡμῶν ναυκράτωρ ὁ παῖς· ὅσ' ἂν
οὗτος λέγῃ σοι, ταῦτά σοι χἠμεῖς φαμεν.

1039 post ὑμᾶς interpunxit Brunck
1071 λειφθήσομαι δὴ Wakefield: λειφθήσομ' ἤδη codd.

ΣΟΦΟΚΛΕΟΥΣ ΦΙΛΟΚΤΗΤΗΣ

ΝΕ. ἀκούσομαι μὲν ὡς ἔφυν οἴκτου πλέως
πρὸς τοῦδ'· ὅμως δὲ μείνατ', εἰ τούτῳ δοκεῖ, 1075
χρόνον τοσοῦτον εἰς ὅσον τά τ' ἐκ νεὼς
στείλωσι ναῦται καὶ θεοῖς εὐξώμεθα.
χοῦτος τάχ' ἂν φρόνησιν ἐν τούτῳ λάβοι
λῴω τιν' ἡμῖν. νὼ μὲν οὖν ὁρμώμεθον,
ὑμεῖς δ', ὅταν καλῶμεν, ὁρμᾶσθαι ταχεῖς. 1080

ΦΙ. ὦ κοίλας πέτρας γύαλον Στρ. α'
θερμὸν καὶ παγετῶδες, ὥς
σ' οὐκ ἔμελλον ἄρ', ὦ τάλας,
λείψειν οὐδέποτ', ἀλλά μοι
καὶ θνῄσκοντι συνείσῃ. 1085
ὤμοι μοί μοι.
ὦ πληρέστατον αὔλιον
λύπας τᾶς ἀπ' ἐμοῦ τάλαν,
τίπτ' αὖ μοι τὸ κατ' ἦμαρ ἔσται;
τοῦ ποτε τεύξομαι 1090
σιτονόμου μέλεος πόθεν ἐλπίδος;
ἴθ' αἱ πρόσθ' ἄνω
πτωκάδες ὀξυτόνου διὰ πνεύματος·
ἅλωσιν οὐκέτ' ἴσχω.

ΧΟ. σύ τοι κατηξίωσας, ὦ βαρύποτμε, κοὐκ 1095
ἄλλοθεν ἁ τύχα ἅδ' ἀπὸ μείζονος·
εὖτέ γε παρὸν φρονῆσαι
λῴονος δαίμονος εἵλου τὸ κάκιον αἰνεῖν. 1100

ΦΙ. ὦ τλάμων τλάμων ἄρ' ἐγὼ Ἀντ. α'
καὶ μόχθῳ λωβατός, ὃς ἤ-
δη μετ' οὐδενὸς ὕστερον
ἀνδρῶν εἰσοπίσω τάλας
ναίων ἐνθάδ' ὀλοῦμαι, 1105

1085 συνείσῃ Reiske: συνοίσῃ codd.
1089 τίπτ' Musgrave: τί ποτ' codd.
1092 ἴθ' αἱ πρόσθ' Hermann: εἴθ' αἰθέρος codd.
1094 ἅλωσιν Jeep: ἕλωσί μ' codd.   οὐκέτ' ἴσχω Dissen: οὐ γὰρ ἔτ' ἰσχύω codd.
1097 ἁ τύχα ἅδ' Dindorf: ἔχῃ τύχᾳ τᾷδ' codd.
1100 λῴονος Bothe: τοῦ λῴονος codd.   αἰνεῖν Hermann: ἑλεῖν codd.

αἰαῖ αἰαῖ,
οὐ φορβὰν ἔτι προσφέρων,
οὐ πτανῶν ἀπ' ἐμῶν ὅπλων
κραταιαῖς μετὰ χερσὶν ἴσχων· 1110
ἀλλά μοι ἄσκοπα
κρυπτά τ' ἔπη δολερᾶς ὑπέδυ φρενός·
ἰδοίμαν δέ νιν,
τὸν τάδε μησάμενον, τὸν ἴσον χρόνον
ἐμὰς λαχόντ' ἀνίας. 1115

ΧΟ. πότμος σε δαιμόνων τάδ', οὐδὲ σέ γε δόλος
ἔσχ' ὑπὸ χειρὸς ἐμᾶς· στυγερὰν ἔχε
δύσποτμον ἀρὰν ἐπ' ἄλλοις. 1120
καὶ γὰρ ἐμοὶ τοῦτο μέλει, μὴ φιλότητ' ἀπώσῃ.

ΦΙ. οἴμοι μοι, καί που πολιᾶς   Στρ. β'
πόντου θινὸς ἐφήμενος,
γελᾷ μου, χερὶ πάλλων 1125
τὰν ἐμὰν μελέου τροφάν,
τὰν οὐδείς ποτ' ἐβάστασεν.
ὦ τόξον φίλον, ὦ φίλων
χειρῶν ἐκβεβιασμένον,
ἦ που ἐλεινὸν ὁρᾷς, φρένας εἴ τινας 1130
ἔχεις, τὸν Ἡράκλειον
ἄθλιον ὧδέ σοι
οὐκέτι χρησόμενον τὸ μεθύστερον,
ἀλλ' ἐν μεταλλαγᾷ ⟨χεροῖν⟩
πολυμηχάνου ἀνδρὸς ἐρέσσῃ, 1135
ὁρῶν μὲν αἰσχρὰς ἀπάτας,
στυγνόν τε φῶτ' ἐχθοδοπόν,
μυρί' ἀπ' αἰσχρῶν ἀνατέλ-
λονθ' ὅσ' ἐφ' ἡμῖν κάκ' ἐμήσατ' ἔργων.

ΧΟ. ἀνδρός τοι τὸ μὲν ὂν δίκαιον εἰπεῖν, 1140
εἰπόντος δὲ μὴ φθονερὰν
ἐξῶσαι γλώσσας ὀδύναν.

1134 ⟨χεροῖν⟩ suppl. Stinton post Hartung
1139 ἔργων Blaydes: Ὀδυσσεύς codd.
1140 ὂν Kells: εὖ codd: οἶ Axt

ΣΟΦΟΚΛΕΟΥΣ ΦΙΛΟΚΤΗΤΗΣ

κεῖνος δ' εἷς ἀπὸ πολλῶν
ταχθεὶς τοῦδ' ἐφημοσύνᾳ
κοινὰν ἤνυσεν ἐς φίλους ἀρωγάν. 1145

ΦΙ. ὦ πταναὶ θῆραι χαροπῶν τ'   Αντ. β'
ἔθνη θηρῶν, οὓς ὅδ' ἔχει
χῶρος οὐρεσιβώτας,
φυγᾷ μηκέτ' ἀπ' αὐλίων
ἐλᾶτ'· οὐ γὰρ ἔχω χεροῖν 1150
τὰν πρόσθεν βελέων ἀλκάν,
ὦ δύστανος ἐγὼ τανῦν.
ἀλλ' ἀνέδην—ὅδε χωλὸς ἐρύκομαι,
οὐκέτι φοβητὸς ὑμῖν—
ἕρπετε, νῦν καλὸν 1155
ἀντίφονον κορέσαι στόμα πρὸς χάριν
ἐμᾶς ⟨γε⟩ σαρκὸς αἰόλας.
ἀπὸ γὰρ βίον αὐτίκα λείψω·
πόθεν γὰρ ἔσται βιοτά;
τίς ὧδ' ἐν αὔραις τρέφεται, 1160
μηκέτι μηδενὸς κρατύ-
νων ὅσα πέμπει βιόδωρος αἶα;

ΧΟ. πρὸς θεῶν, εἴ τι σέβῃ ξένον, πέλασσον,
εὐνοίᾳ πάσᾳ πελάταν·
ἀλλὰ γνῶθ', εὖ γνῶθ'· ἐπὶ σοὶ 1165
κῆρα τάνδ' ἀποφεύγειν.
οἰκτρὰ γὰρ βόσκειν, ἀδαὴς δ'
ὀχεῖν μυρίον ἄχθος ᾧ ξυνοικεῖ.

ΦΙ. πάλιν πάλιν παλαιὸν ἄλ-   Επ.
γημ' ὑπέμνασας, ὦ 1170
λῷστε τῶν πρὶν ἐντόπων.
τί μ' ὤλεσας; τί μ' εἴργασαι;

1149 μηκέτ' Auratus: μ' οὐκέτ' codd.
1150 ἐλᾶτ' Canter: πελᾶτ' codd.
1153 χωλὸς Porson: χῶρος codd.   ἐρύκομαι Blaydes: ἐρύκεται codd.
1157 ⟨γε⟩ suppl. Lloyd-Jones & Wilson
1165 ἐπὶ σοὶ Seyffert: ὅτι σοὶ codd.
1168 ὀχεῖν Zg, novit schol. L: ἔχειν cett.   ᾧ Sa: ὃ cett.

ΧΟ. τί τοῦτ' ἔλεξας;
ΦΙ. εἰ σὺ τὰν ἐμοὶ
στυγερὰν Τρῳάδα γᾶν μ' ἤλπισας ἄξειν. 1175
ΧΟ. τόδε γὰρ νοῶ κράτιστον.
ΦΙ. ἀπό νύν με λείπετ' ἤδη.
ΧΟ. φίλα μοι, φίλα ταῦτα παρήγγει-
λας ἑκόντι τε πράσσειν.
ἴωμεν, ἴωμεν
ναὸς ἵν' ἡμῖν τέτακται. 1180
ΦΙ. μή, πρὸς ἀραίου Διός, ἔλ-
θῃς, ἱκετεύω.
ΧΟ. μετρίαζ'.
ΦΙ. ὦ ξένοι,
μείνατε, πρὸς θεῶν.
ΧΟ. τί θροεῖς; 1185
ΦΙ. αἰαῖ αἰαῖ,
δαίμων δαίμων· ἀπόλωλ' ὁ τάλας·
ὦ πούς, πούς, τί σ' ἔτ' ἐν βίῳ
τεύξω τῷ μετόπιν, τάλας;
ὦ ξένοι, ἔλθετ' ἐπήλυδες αὖθις. 1190
ΧΟ. τί ῥέξοντες; ἀλλόκοτος
γνώμα τῶν πάρος ἂν προφαίνεις.
ΦΙ. οὔτοι νεμεσητὸν
ἀλύοντα χειμερίῳ
λύπᾳ καὶ παρὰ νοῦν θροεῖν. 1195
ΧΟ. βᾶθί νυν, ὦ τάλαν, ὥς σε κελεύομεν.
ΦΙ. οὐδέποτ' οὐδέποτ', ἴσθι τόδ' ἔμπεδον,
οὐδ' εἰ πυρφόρος ἀστεροπητὴς
βροντᾶς αὐγαῖς μ' εἶσι φλογίζων.
ἐρρέτω Ἴλιον, οἵ θ' ὑπ' ἐκείνῳ 1200
πάντες ὅσοι τόδ' ἔτλασαν ἐμοῦ ποδὸς
ἄρθρον ἀπῶσαι.
ὦ ξένοι, ἕν γέ μοι εὖχος ὀρέξατε.

1191-92 ἀλλόκοτος γνώμα ... ἂν Page: ἀλλοκότῳ γνώμᾳ ... ὦν codd.
1192 προφαίνεις Pearson: προὔφαινες Srzt: προὔφανες LVa
1199 βροντᾶς αὐγαῖς schol.: βρονταῖς αὐταῖς codd.
1203 ante ὦ praebent ἀλλ' codd.: del. Erfurdt

ΣΟΦΟΚΛΕΟΥΣ ΦΙΛΟΚΤΗΤΗΣ 47

ΧΟ. ποῖον ἐρεῖς τόδ' ἔπος;
ΦΙ. ξίφος, εἴ ποθεν,
ἢ γένυν ἢ βελέων τι προπέμψατε. 1205
ΧΟ. ὡς τίνα ⟨δὴ⟩ ῥέξῃς παλάμαν ποτέ;
ΦΙ. κρᾶτα καὶ ἄρθρ' ἀπὸ πάντα τέμω χερί·
φονᾷ φονᾷ νόος ἤδη.
ΧΟ. τί ποτε;
ΦΙ. πατέρα ματεύων. 1210
ΧΟ. ποῖ γᾶς;
ΦΙ. ἐς Ἅιδου·
οὐ γάρ ἐστ' ἐν φάει γ' ἔτι.
ὦ πόλις πόλις πατρία,
πῶς ἂν εἰσίδοιμ'
ἄθλιός σ' ἀνήρ,
ὅς γε σὰν λιπὼν ἱερὰν 1215
λιβάδ' ἐχθροῖς ἔβαν Δαναοῖς
ἀρωγός· ἔτ' οὐδέν εἰμι.

[ΧΟ. ἐγὼ μὲν ἤδη καὶ πάλαι νεὼς ὁμοῦ
στείχων ἂν ἦν σοι τῆς ἐμῆς, εἰ μὴ πέλας
Ὀδυσσέα στείχοντα τόν τ' Ἀχιλλέως 1220
γόνον πρὸς ἡμᾶς δεῦρ' ἰόντ' ἐλεύσσομεν.]
ΟΔ. οὐκ ἂν φράσειας ἥντιν' αὖ παλίντροπος
κέλευθον ἕρπεις ὧδε σὺν σπουδῇ ταχύς;
ΝΕ. λύσων ὅσ' ἐξήμαρτον ἐν τῷ πρὶν χρόνῳ.
ΟΔ. δεινόν γε φωνεῖς· ἡ δ' ἁμαρτία τίς ἦν; 1225
ΝΕ. ἣν σοὶ πιθόμενος τῷ τε σύμπαντι στρατῷ—
ΟΔ. ἔπραξας ἔργον ποῖον ὧν οὔ σοι πρέπον;
ΝΕ. ἀπάταισιν αἰσχραῖς ἄνδρα καὶ δόλοις ἑλών.
ΟΔ. τὸν ποῖον; ὤμοι· μῶν τι βουλεύῃ νέον;
ΝΕ. νέον μὲν οὐδέν, τῷ δὲ Ποίαντος τόκῳ— 1230
ΟΔ. τί χρῆμα δράσεις; ὥς μ' ὑπῆλθέ τις φόβος.

1206 ⟨δὴ⟩ suppl. Hermann
1207 ἀπὸ πάντα huc traiecit Bergk: post κρᾶτα praebent codd.
1213 alterum πόλις suppl. Gleditsch
1214 εἰσίδοιμ' ἄθλιός σ' Dindorf: εἰσίδοιμί σ' ἄθλιός γ' codd.
1218-21 del. Mekler: graviter corruptas esse credidit Nauck
1219 ἦν] ἦ Elmsley, recte quidem si Sophoclis v. esset

ΣΟΦΟΚΛΕΟΥΣ ΦΙΛΟΚΤΗΤΗΣ

ΝΕ. παρ' οὗπερ ἔλαβον τάδε τὰ τόξ', αὖθις πάλιν —
ΟΔ. ὦ Ζεῦ, τί λέξεις; οὔ τί που δοῦναι νοεῖς;
ΝΕ. αἰσχρῶς γὰρ αὐτὰ κοὐ δίκῃ λαβὼν ἔχω.
ΟΔ. πρὸς θεῶν, πότερα δὴ κερτομῶν λέγεις τάδε; 1235
ΝΕ. εἰ κερτόμησίς ἐστι τἀληθῆ λέγειν.
ΟΔ. τί φῄς, Ἀχιλλέως παῖ; τίν' εἴρηκας λόγον;
ΝΕ. δὶς ταὐτὰ βούλῃ καὶ τρὶς ἀναπολεῖν μ' ἔπη;
ΟΔ. ἀρχὴν κλύειν ἂν οὐδ' ἅπαξ ἐβουλόμην.
ΝΕ. εὖ νῦν ἐπίστω πάντ' ἀκηκοὼς λόγον. 1240
ΟΔ. ἔστιν τις ἔστιν ὅς σε κωλύσει τὸ δρᾶν.
ΝΕ. τί φῄς; τίς ἔσται μ' οὑπικωλύσων τάδε;
ΟΔ. ξύμπας Ἀχαιῶν λαός, ἐν δὲ τοῖς ἐγώ.
ΝΕ. σοφὸς πεφυκὼς οὐδὲν ἐξαυδᾷς σοφόν.
ΟΔ. σὺ δ' οὔτε φωνεῖς οὔτε δρασείεις σοφά. 1245
ΝΕ. ἀλλ' εἰ δίκαια, τῶν σοφῶν κρείσσω τάδε.
ΟΔ. καὶ πῶς δίκαιον, ἅ γ' ἔλαβες βουλαῖς ἐμαῖς,
πάλιν μεθεῖναι ταῦτα;
ΝΕ.   τὴν ἁμαρτίαν
αἰσχρὰν ἁμαρτὼν ἀναλαβεῖν πειράσομαι.
ΟΔ. στρατὸν δ' Ἀχαιῶν οὐ φοβῇ, πράσσων τάδε; 1250
ΝΕ. ξὺν τῷ δικαίῳ τὸν σὸν οὐ ταρβῶ ⟨στρατόν.
ΟΔ. × – ⏑ – × – ⏑ – × –⟩ φόβον.
ΝΕ. ἀλλ' οὐδέ τοι σῇ χειρὶ πείθομαι τὸ δρᾶν.
ΟΔ. οὔ τἄρα Τρωσίν, ἀλλὰ σοὶ μαχούμεθα.
ΝΕ. ἔστω τὸ μέλλον.
ΟΔ.   χεῖρα δεξιὰν ὁρᾷς
κώπης ἐπιψαύουσαν; 1255
ΝΕ.   ἀλλὰ κἀμέ τοι
ταὐτὸν τόδ' ὄψῃ δρῶντα κοὐ μέλλοντ' ἔτι.
ΟΔ. καίτοι σ' ἐάσω· τῷ δὲ σύμπαντι στρατῷ
λέξω τάδ' ἐλθών, ὅς σε τιμωρήσεται.
ΝΕ. ἐσωφρόνησας· κἂν τὰ λοίφ' οὕτω φρονῇς,

1235 δὴ **a**: om. cett.: σὺ Hermann
1236 ⟨γ'⟩ ἐστὶ Herwerden
1245 σοφά Brunck: σοφόν codd.
1251 στρατόν Hermann, qui lacunam indicavit: φόβον codd., quod in finem v. 1251B traiecit Jackson
1252-56 personarum vices varie turbant codd.

ΣΟΦΟΚΛΕΟΥΣ ΦΙΛΟΚΤΗΤΗΣ

ἴσως ἂν ἐκτὸς κλαυμάτων ἔχοις πόδα. 1260
σὺ δ', ὦ Ποίαντος παῖ, Φιλοκτήτην λέγω,
ἔξελθ' ἀμείψας τάσδε πετρήρεις στέγας.
ΦΙ. τίς αὖ παρ' ἄντροις θόρυβος ἵσταται βοῆς;
τί μ' ἐκκαλεῖσθε; τοῦ κεχρημένοι, ξένοι;
ὤμοι· κακὸν τὸ χρῆμα. μῶν τί μοι μέγα 1265
πάρεστε πρὸς κακοῖσι πέμποντες κακόν;
ΝΕ. θάρσει· λόγους δ' ἄκουσον οὓς ἥκω φέρων.
ΦΙ. δέδοικ' ἔγωγε. καὶ τὰ πρὶν γὰρ ἐκ λόγων
καλῶν κακῶς ἔπραξα, σοῖς πεισθεὶς λόγοις.
ΝΕ. οὔκουν ἔνεστι καὶ μεταγνῶναι πάλιν; 1270
ΦΙ. τοιοῦτος ἦσθα τοῖς λόγοισι χὤτε μου
τὰ τόξ' ἔκλεπτες, πιστός, ἀτηρὸς λάθρᾳ.
ΝΕ. ἀλλ' οὔ τι μὴν νῦν· βούλομαι δέ σου κλύειν,
πότερα δέδοκταί σοι μένοντι καρτερεῖν,
ἢ πλεῖν μεθ' ἡμῶν. 1275
ΦΙ. παῦε, μὴ λέξῃς πέρα.
μάτην γὰρ ἂν εἴπῃς γε πάντ' εἰρήσεται.
ΝΕ. οὕτω δέδοκται;
ΦΙ. καὶ πέρα γ' ἴσθ' ἢ λέγω.
ΝΕ. ἀλλ' ἤθελον μὲν ἄν σε πεισθῆναι λόγοις
ἐμοῖσιν· εἰ δὲ μή τι πρὸς καιρὸν λέγων
κυρῶ, πέπαυμαι. 1280
ΦΙ. πάντα γὰρ φράσεις μάτην·
οὐ γάρ ποτ' εὔνουν τὴν ἐμὴν κτήσῃ φρένα,
ὅστις γ' ἐμοῦ δόλοισι τὸν βίον λαβὼν
ἀπεστέρηκας· κᾆτα νουθετεῖς ἐμὲ
ἐλθών, ἀρίστου πατρὸς ἔχθιστος γεγώς.
ὄλοισθ', Ἀτρεῖδαι μὲν μάλιστ', ἔπειτα δὲ 1285
ὁ Λαρτίου παῖς, καὶ σύ.
ΝΕ. μὴ 'πεύξῃ πέρα·
δέχου δὲ χειρὸς ἐξ ἐμῆς βέλη τάδε.
ΦΙ. πῶς εἶπας; ἆρα δεύτερον δολούμεθα;
ΝΕ. ἀπώμοσ' ἁγνὸν Ζηνὸς ὑψίστου σέβας.

1282 βίον codd.: βιὸν Mehler
1288 ante ἆρα add. οὐκ codd., del. Porson
1289 ἁγνόν Wakefield: ἁγνοῦ codd.   ὑψίστου VTa, coni. Wakefield: ὑψίστον cett.

ΣΟΦΟΚΛΕΟΥΣ ΦΙΛΟΚΤΗΤΗΣ

ΦΙ. ὦ φίλτατ' εἰπών, εἰ λέγεις ἐτήτυμα. 1290
ΝΕ. τοὔργον παρέσται φανερόν. ἀλλὰ δεξιὰν
πρότεινε χεῖρα, καὶ κράτει τῶν σῶν ὅπλων.
ΟΔ. ἐγὼ δ' ἀπαυδῶ γ', ὡς θεοὶ ξυνίστορες,
ὑπέρ τ' Ἀτρειδῶν τοῦ τε σύμπαντος στρατοῦ.
ΦΙ. τέκνον, τίνος φώνημα; μῶν Ὀδυσσέως, 1295
ἐπῃσθόμην;
ΟΔ. σάφ' ἴσθι· καὶ πέλας γ' ὁρᾷς,
ὅς σ' ἐς τὰ Τροίας πεδί' ἀποστελῶ βίᾳ,
ἐάν τ' Ἀχιλλέως παῖς ἐάν τε μὴ θέλῃ.
ΦΙ. ἀλλ' οὔ τι χαίρων, ἢν τόδ' ὀρθωθῇ βέλος.
ΝΕ. ἆ, μηδαμῶς, μή, πρὸς θεῶν, μὴ 'φῇς βέλος. 1300
ΦΙ. μέθες με, πρὸς θεῶν, χεῖρα, φίλτατον τέκνον.
ΝΕ. οὐκ ἂν μεθείην.
ΦΙ. φεῦ· τί μ' ἄνδρα πολέμιον
ἐχθρόν τ' ἀφείλου μὴ κτανεῖν τόξοις ἐμοῖς;
ΝΕ. ἀλλ' οὔτ' ἐμοὶ καλὸν τόδ' ἐστὶν οὔτε σοί.
ΦΙ. ἀλλ' οὖν τοσοῦτόν γ' ἴσθι, τοὺς πρώτους στρατοῦ, 1305
τοὺς τῶν Ἀχαιῶν ψευδοκήρυκας, κακοὺς
ὄντας πρὸς αἰχμήν, ἐν δὲ τοῖς λόγοις θρασεῖς.
ΝΕ. εἶέν· τὰ μὲν δὴ τόξ' ἔχεις, κοὐκ ἔσθ' ὅτου
ὀργὴν ἔχοις ἂν οὐδὲ μέμψιν εἰς ἐμέ.
ΦΙ. ξύμφημι, τὴν φύσιν δ' ἔδειξας, ὦ τέκνον, 1310
ἐξ ἧς ἔβλαστες, οὐχὶ Σισύφου πατρός,
ἀλλ' ἐξ Ἀχιλλέως, ὃς μετὰ ζώντων ὅτ' ἦν
ἤκου' ἄριστα, νῦν δὲ τῶν τεθνηκότων.
ΝΕ. ἥσθην πατέρα τὸν ἀμὸν εὐλογοῦντά σε
αὐτόν τ' ἔμ'· ὧν δέ σου τυχεῖν ἐφίεμαι 1315
ἄκουσον. ἀνθρώποισι τὰς μὲν ἐκ θεῶν
τύχας δοθείσας ἔστ' ἀναγκαῖον φέρειν·
ὅσοι δ' ἑκουσίοισιν ἔγκεινται βλάβαις,
ὥσπερ σύ, τούτοις οὔτε συγγνώμην ἔχειν
δίκαιόν ἐστιν οὔτ' ἐποικτίρειν τινά. 1320
σὺ δ' ἠγρίωσαι, κοὔτε σύμβουλον δέχῃ,

1300 μὴ 'φῇς Meineke: μεθῇς codd.
1304 τόδ' GRZo: τοῦτ' cett. quo servato καλὸν post σοὶ traiecit Wakefield
1308 ὅτου Turnebus: ὅπου codd.

ΣΟΦΟΚΛΕΟΥΣ ΦΙΛΟΚΤΗΤΗΣ 51

ἐάν τε νουθετῇ τις εὐνοίᾳ λέγων,
στυγεῖς, πολέμιον δυσμενῆ θ' ἡγούμενος.
ὅμως δὲ λέξω· Ζῆνα δ' ὅρκιον καλῶ·
καὶ ταῦτ' ἐπίστω, καὶ γράφου φρενῶν ἔσω. 1325
σὺ γὰρ νοσεῖς τόδ' ἄλγος ἐκ θείας τύχης,
Χρύσης πελασθεὶς φύλακος, ὃς τὸν ἀκαλυφῆ
σηκὸν φυλάσσει κρύφιος οἰκουρῶν ὄφις·
καὶ παῦλαν ἴσθι τῆσδε μή ποτ' ἂν τυχεῖν
νόσου βαρείας, ἕως ἂν αὑτὸς ἥλιος 1330
ταύτῃ μὲν αἴρῃ, τῇδε δ' αὖ δύνῃ πάλιν,
πρὶν ἂν τὰ Τροίας πεδί' ἑκὼν αὐτὸς μόλῃς,
καὶ τῶν παρ' ἡμῖν ἐντυχὼν Ἀσκληπιδῶν
νόσου μαλαχθῇς τῆσδε, καὶ τὰ πέργαμα
ξὺν τοῖσδε τόξοις ξύν τ' ἐμοὶ πέρσας φανῇς. 1335
ὡς δ' οἶδα ταῦτα τῇδ' ἔχοντ' ἐγὼ φράσω.
ἀνὴρ παρ' ἡμῖν ἐστιν ἐκ Τροίας ἁλούς,
Ἕλενος ἀριστόμαντις, ὃς λέγει σαφῶς
ὡς δεῖ γενέσθαι ταῦτα· καὶ πρὸς τοῖσδ' ἔτι,
ὡς ἔστ' ἀνάγκη τοῦ παρεστῶτος θέρους 1340
Τροίαν ἁλῶναι πᾶσαν· ἢ δίδωσ' ἑκὼν
κτείνειν ἑαυτόν, ἢν τάδε ψευσθῇ λέγων.
ταῦτ' οὖν ἐπεὶ κάτοισθα, συγχώρει θέλων·
καλὴ γὰρ ἡ 'πίκτησις, Ἑλλήνων ἕνα
κριθέντ' ἄριστον, τοῦτο μὲν παιωνίας 1345
ἐς χεῖρας ἐλθεῖν, εἶτα τὴν πολύστονον
Τροίαν ἑλόντα κλέος ὑπέρτατον λαβεῖν.

ΦΙ. ὦ στυγνὸς αἰών, τί μ' ἔτι δῆτ' ἔχεις ἄνω
βλέποντα, κοὐκ ἀφῆκας εἰς Ἅιδου μολεῖν;
οἴμοι, τί δράσω; πῶς ἀπιστήσω λόγοις 1350
τοῖς τοῦδ', ὃς εὔνους ὢν ἐμοὶ παρῄνεσεν;
ἀλλ' εἰκάθω δῆτ'; εἶτα πῶς ὁ δύσμορος
ἐς φῶς τάδ' ἔρξας εἶμι; τῷ προσήγορος;
πῶς, ὦ τὰ πάντ' ἰδόντες ἀμφ' ἐμοὶ κύκλοι,
ταῦτ' ἐξανασχήσεσθε, τοῖσιν Ἀτρέως 1355
ἐμὲ ξυνόντα παισίν, οἵ μ' ἀπώλεσαν;

1329 ἂν τυχεῖν Porson: ἐντυχεῖν codd.
1337 παρ' Elmsley: γὰρ codd.

πῶς τῷ πανώλει παιδὶ τῷ Λαερτίου;
οὐ γάρ με τἄλγος τῶν παρελθόντων δάκνει,
ἀλλ' οἷα χρὴ παθεῖν με πρὸς τούτων ἔτι
δοκῶ προλεύσσειν. οἷς γὰρ ἡ γνώμη κακῶν 1360
μήτηρ γένηται, κἄλλα παιδεύει κακούς.
καὶ σοῦ δ' ἔγωγε θαυμάσας ἔχω τόδε.
χρῆν γάρ σε μήτ' αὐτόν ποτ' ἐς Τροίαν μολεῖν,
ἡμᾶς τ' ἀπείργειν· οἵδε σου καθύβρισαν,
πατρὸς γέρας συλῶντες. εἶτα τοῖσδε σὺ 1365
εἶ ξυμμαχήσων, κἄμ' ἀναγκάζεις τόδε;
μὴ δῆτα, τέκνον· ἀλλ', ἅ μοι ξυνώμοσας,
πέμψον πρὸς οἴκους· καὐτὸς ἐν Σκύρῳ μένων
ἔα κακῶς αὐτοὺς ἀπόλλυσθαι κακούς.
χοὔτω διπλῆν μὲν ἐξ ἐμοῦ κτήσῃ χάριν, 1370
διπλῆν δὲ πατρός· κοὐ κακοὺς ἐπωφελῶν
δόξεις ὅμοιος τοῖς κακοῖς πεφυκέναι.
ΝΕ. λέγεις μὲν εἰκότ', ἀλλ' ὅμως σε βούλομαι
θεοῖς τε πιστεύσαντα τοῖς τ' ἐμοῖς λόγοις
φίλου μετ' ἀνδρὸς τοῦδε τῆσδ' ἐκπλεῖν χθονός. 1375
ΦΙ. ἦ πρὸς τὰ Τροίας πεδία καὶ τὸν Ἀτρέως
ἔχθιστον υἱὸν τῷδε δυστήνῳ ποδί;
ΝΕ. πρὸς τοὺς μὲν οὖν σε τήνδε τ' ἔμπυον βάσιν
παύσοντας ἄλγους κἀποσώσοντας νόσου.
ΦΙ. ὦ δεινὸν αἶνον αἰνέσας, τί φής ποτε; 1380
ΝΕ. ἅ σοί τε κἀμοὶ λῷσθ' ὁρῶ τελούμενα.
ΦΙ. καὶ ταῦτα λέξας οὐ καταισχύνῃ θεούς;
ΝΕ. πῶς γάρ τις αἰσχύνοιτ' ἂν ὠφελῶν φίλους;
ΦΙ. λέγεις δ' Ἀτρείδαις ὄφελος, ἦ 'π' ἐμοὶ τόδε;
ΝΕ. σοί που φίλος γ' ὤν· χὼ λόγος τοιόσδε μου. 1385
ΦΙ. πῶς, ὅς γε τοῖς ἐχθροῖσί μ' ἐκδοῦναι θέλεις;

1361 κἄλλα Cavallin: τἄλλα codd.: πάντα Reiske   κακούς Dobree: κακά codd.
1364 οἵδε Lloyd-Jones & Wilson: οἵ τε codd.
1365 inter συλῶντες et εἶτα add. οἳ τὸν ἄθλιον | Αἴανθ' ὅπλων σοῦ πατρὸς ὕστερον δίκῃ | Ὀδυσσέως ἔκριναν codd., del. Brunck
1379 κἀποσώσοντας Heath: κἀποσώζοντας codd.
1381 λῷσθ' Dindorf: κάλ' a: καλῶς cett.
1383 ὠφελῶν φίλους Buttmann: ὠφελούμενος codd.
1386 ἐχθροῖσί μ' Valckenaer: ἐχθροῖσιν codd.

ΣΟΦΟΚΛΕΟΥΣ ΦΙΛΟΚΤΗΤΗΣ

ΝΕ. ὦ τᾶν, διδάσκου μὴ θρασύνεσθαι κακοῖς.
ΦΙ. ὀλεῖς με, γιγνώσκω σε, τοῖσδε τοῖς λόγοις.
ΝΕ. οὔκουν ἔγωγε· φημὶ δ' οὔ σε μανθάνειν.
ΦΙ. ἐγὼ οὐκ Ἀτρείδας ἐκβαλόντας οἶδά με; 1390
ΝΕ. ἀλλ' ἐκβαλόντες εἰ πάλιν σώσουσ' ὅρα.
ΦΙ. οὐδέποθ' ἑκόντα γ' ὥστε τὴν Τροίαν ἰδεῖν.
ΝΕ. τί δῆτ' ἂν ἡμεῖς δρῷμεν, εἰ σέ γ' ἐν λόγοις
πείσειν δυνησόμεσθα μηδὲν ὧν λέγω;
ὡς ῥᾷστ' ἐμοὶ μὲν τῶν λόγων λῆξαι, σὲ δὲ 1395
ζῆν, ὥσπερ ἤδη ζῇς, ἄνευ σωτηρίας.
ΦΙ. ἔα με πάσχειν ταῦθ' ἅπερ παθεῖν με δεῖ·
ἃ δ' ᾔνεσάς μοι δεξιᾶς ἐμῆς θιγών,
πέμπειν πρὸς οἴκους, ταῦτά μοι πρᾶξον, τέκνον,
καὶ μὴ βράδυνε μηδ' ἐπιμνησθῇς ἔτι 1400
Τροίας· ἅλις γάρ μοι τεθρύληται λόγος.
ΝΕ. εἰ δοκεῖ, στείχωμεν.
ΦΙ.   ὦ γενναῖον εἰρηκὼς ἔπος.
ΝΕ. ἀντέρειδέ νυν βάσιν σήν.
ΦΙ.   εἰς ὅσον γ' ἐγὼ σθένω.
ΝΕ. αἰτίαν δὲ πῶς Ἀχαιῶν φεύξομαι;
ΦΙ.   μὴ φροντίσῃς.
ΝΕ. τί γάρ, ἐὰν πορθῶσι χώραν τὴν ἐμήν;
ΦΙ.   ἐγὼ παρὼν— 1405
ΝΕ. τίνα προσωφέλησιν ἔρξεις;
ΦΙ.   βέλεσι τοῖς Ἡρακλέοις—
ΝΕ. πῶς λέγεις;
ΦΙ.   εἴρξω πελάζειν.
ΝΕ.   στεῖχε προσκύσας χθόνα.

1390 ἐγὼ Hermann: ἔγωγ' codd.
1395 ὡς ῥᾷστ' ἐμοὶ fere codd.: ὡς ὥρα ἔστ(α)ι 'μοι z: ὥρα 'στ' ἐμοὶ Bergk
1401 τεθρύληται voluit Parisinus gr. 2886 (i.e. Aristobulus Apostolides), coni. Hermann: τεθρήνηται cett. λόγος Ka: λόγοις LVrzt: γόοις γρ in LraT
1402 εἰ δοκεῖ codd.: del. Porson, ut v. iambicus fieret
1406 Ἡρακλέοις Wackernagel: Ηρακλείοις codd.: Ἡρακλέους Brunck
1407-8 inter πελάζειν et στεῖχε add. σῆς πάτρας. ΝΕ. ἀλλ' εἰ | δρᾷς ταῦθ' ὥσπερ αὐδᾷς codd., del. Dindorf: ἀλλ' ⟨εἰ δοκεῖ ταῦτα⟩ δρᾶν ὅπωσπερ αὐδᾷς Porson

ΣΟΦΟΚΛΕΟΥΣ ΦΙΛΟΚΤΗΤΗΣ

ΗΡΑΚΛΗΣ
μήπω γε, πρὶν ἂν τῶν ἡμετέρων
ἀΐης μύθων, παῖ Ποίαντος· 1410
φάσκειν δ' αὐδὴν τὴν Ἡρακλέους
ἀκοῇ τε κλύειν λεύσσειν τ' ὄψιν.
τὴν σὴν δ' ἥκω χάριν οὐρανίας
ἕδρας προλιπών,
τὰ Διός τε φράσων βουλεύματά σοι, 1415
κατερητύσων θ' ὁδὸν ἣν στέλλῃ·
σὺ δ' ἐμῶν μύθων ἐπάκουσον.

καὶ πρῶτα μέν σοι τὰς ἐμὰς λέξω τύχας,
ὅσους πονήσας καὶ διεξελθὼν πόνους
ἀθάνατον ἀρετὴν ἔσχον, ὡς πάρεσθ' ὁρᾶν. 1420
καὶ σοί, σάφ' ἴσθι, τοῦτ' ὀφείλεται παθεῖν,
ἐκ τῶν πόνων τῶνδ' εὐκλεᾶ θέσθαι βίον.
ἐλθὼν δὲ σὺν τῷδ' ἀνδρὶ πρὸς τὸ Τρωϊκὸν
πόλισμα πρῶτον μὲν νόσου παύσῃ λυγρᾶς,
ἀρετῇ τε πρῶτος ἐκκριθεὶς στρατεύματος, 1425
Πάριν μέν, ὃς τῶνδ' αἴτιος κακῶν ἔφυ,
τόξοισι τοῖς ἐμοῖσι νοσφιεῖς βίου,
πέρσεις τε Τροίαν, σκῦλά τ' εἰς μέλαθρα σὰ
πέμψεις, ἀριστεῖ' ἐκλαβὼν στρατεύματος,
Ποίαντι πατρὶ πρὸς πάτρας Οἴτης πλάκα. 1430
ἃ δ' ἂν λάβῃς σὺ σκῦλα τοῦδε τοῦ στρατοῦ,
τόξων ἐμῶν μνημεῖα πρὸς πυρὰν ἐμὴν
κόμιζε. καὶ σοὶ ταῦτ', Ἀχιλλέως τέκνον,
παρῄνεσ'· οὔτε γὰρ σὺ τοῦδ' ἄτερ σθένεις
ἑλεῖν τὸ Τροίας πεδίον οὔθ' οὗτος σέθεν· 1435
ἀλλ' ὡς λέοντε συννόμω φυλάσσετον
οὗτος σὲ καὶ σὺ τόνδ'. ἐγὼ δ' Ἀσκληπιὸν
παυστῆρα πέμψω σῆς νόσου πρὸς Ἴλιον.
τὸ δεύτερον γὰρ τοῖς ἐμοῖς αὐτὴν χρεὼν
τόξοις ἁλῶναι. τοῦτο δ' ἐννοεῖθ', ὅταν 1440
πορθῆτε γαῖαν, εὐσεβεῖν τὰ πρὸς θεούς·
ὡς τἄλλα πάντα δεύτερ' ἡγεῖται πατὴρ

1440 ἐννοεῖθ' Elmsley: ἐννοεῖς VTa: ἐννοεῖσθ' cett.

ΣΟΦΟΚΛΕΟΥΣ ΦΙΛΟΚΤΗΤΗΣ

Ζεύς· οὐ γὰρ ηὐσέβεια συνθνῄσκει βροτοῖς·
κἂν ζῶσι κἂν θάνωσιν, οὐκ ἀπόλλυται.

ΦΙ. ὦ φθέγμα ποθεινὸν ἐμοὶ πέμψας, 1445
χρόνιός τε φανείς,
οὐκ ἀπιθήσω τοῖς σοῖς μύθοις.
ΝΕ. κἀγὼ γνώμην ταύτῃ τίθεμαι.
ΗΡ. μή νυν χρόνιοι μέλλετε· πράσσειν
καιρός, καὶ πλοῦς 1450
ὅδ'· ἐπείγει γὰρ κατὰ πρύμναν.
ΦΙ. φέρε νυν στείχων χώραν καλέσω.
χαῖρ', ὦ μέλαθρον ξύμφρουρον ἐμοὶ
Νύμφαι τ' ἔνυδροι λειμωνιάδες,
καὶ κτύπος ἄρσην πόντου προβολῆς 1455
οὗ πολλάκι δὴ τοὐμὸν ἐτέγχθη
κρᾶτ' ἐνδόμυχον πληγῇσι νότου,
πολλὰ δὲ φωνῆς τῆς ἡμετέρας
Ἑρμαῖον ὄρος παρέπεμψεν ἐμοὶ
στόνον ἀντίτυπον χειμαζομένῳ. 1460
νῦν δ', ὦ κρῆναι Λύκιόν τε ποτόν,
λείπομεν ὑμᾶς, λείπομεν ἤδη,
δόξης οὔ ποτε τῆσδ' ἐπιβάντες.
χαῖρ', ὦ Λήμνου πέδον ἀμφίαλον,
καί μ' εὐπλοίᾳ πέμψον ἀμέμπτως, 1465
ἔνθ' ἡ μεγάλη Μοῖρα κομίζει,
γνώμη τε φίλων χὠ πανδαμάτωρ
δαίμων, ὃς ταῦτ' ἐπέκρανεν.
ΧΟ. χωρῶμεν δὴ πάντες ἀολλεῖς,
Νύμφαις ἁλίαισιν ἐπευξάμενοι 1470
νόστου σωτῆρας ἱκέσθαι.

1443 οὐ Gataker: ἡ codd.   ηὐσέβεια Dawes: εὐσέβεια codd.
1448 γνώμην Gambinus: γνώμῃ codd.
1449-51 sic interpunxit Cavallin: καιρὸς καὶ πλοῦς traiecit Burges post ἐπείγει γὰρ: Lloyd Jones & Wilson habent μή νυν χρόνιοι μέλλετε πράσσειν. | ὅδ᾽ ἐπείγει γὰρ | καιρὸς καὶ πλοῦς κατὰ πρύμναν.
1455 προβολῆς Hermann: προβολῆς Zo: προβλής cett.

Commentary

1-134 PROLOGUE

1   ἥδε ← ὅδε: points, "this here"; supply "is" as often in drama.
περιρρύτου ← περίρρυτος: "surrounded by water".

2   Λήμνου ← Λῆμνος: island in the Aegean sea, some 40 miles west of Troy (area: 185 sq. miles). Sophocles' description of it as "untrodden by mortals (βροτοῖς ἄστιπτος) and uninhabited" is flatly contradicted by *Il.* 21.40 and by modern archaeology (see also on 549), but conveys a key feature of the situation in this play.
οὐδ(έ): Generally only short vowels elide in tragedy.

3   ἐνθ(α): "where".
ὦ ... Νεοπτόλεμε: This long vocative phrase interrupts the sentence.
τραφείς: part. aor. pass. of τρέφω, "rear"; construed with ablative genitive πατρός.

4   Μηλιᾶ: 3rd decl. adj., "from Malis". Malis is situated on the north and west coasts of the Gulf of Malia (Thermopylae on the south). West of it rises Mount Oita, where Philoctetes lit Heracles' pyre and received his bow.

5   Ποίαντος ← Ποίας: father of Philoctetes (*Od.* 3.190).
ἐξέθηκ(α) ← ἐκτίθημι: "put aside, abandon"; used of the exposure of unwanted babies.

6   ταχθείς ← τάσσω: "assign".
ὑπο + gen.: "by", as often with persons. Disyllabic prepositions are accented on the penult when they follow their objects.

7   διαβόρῳ ← διάβορος: "devouring". The image of a "gluttonous" illness recurs at 694 and 745; less explicitly at 1167.
πόδα: accusative of respect with καταστάζοντα, "dripping as to his foot". καταστάζοντα, in turn, is in apposition to υἱόν (5), the direct obj. of ἐξέθηκα.

8   ὅτ(ε)
λοιβῆς ... θυμάτων: genitive with προσθιγεῖν ← προσθιγ-

	γάνω, "touch".
9	παρῆν ← πάρεστι: "is besides, is within reach", hence "is possible" (+ dat.: for someone).
	ἐκήλοις ← ἕκηλος: "at ease, in peace, undisturbed".
10	κατεῖχ(ε): either "stopped" the army (from sacrificing) with his howls or "filled" the camp with his howls.
11	βοῶν ← βοάω: "cry aloud, shout".
12	ἀκμή... μακρῶν... λόγων: "best time (literally "peak") for long speeches".
13	κἀκχέω = καὶ ἐκχέω: "and I pour out, squander".
14	σόφισμα: "scheme" (L-J); properly "a product (or embodiment) of σοφία" (as τέχνημα at 36 is "a product of craftsmanship"). Generally not pejorative in 5th century Greek.
15	ἔργον... σόν: Supply "is".
	τὰ λοίφ' ὑπερετεῖν: "serve in all the rest"; τὰ λοίφα internal acc.
16	(ἐ)στ(ι)
	δίστομος πέτρα: "a two-mouthed rock", i.e., a cave with two openings.
17	τοιάδ': "such", explained by following clause.
	ἵν(α) + ind.: "where".
	ἐν ψύχει: in winter-time ← τὸ ψῦχος, "the cold".
17-18	ἡλίου... ἐνθάκησις: "a sitting of the sun", i.e., a place where the sun lingers.
19	ἀμφιτρῆτος ← ἀμφιτρής: "pierced from either end".
20	τάχ(α): "perhaps, probably".
21	ποτὸν κρηναῖον: "drink from a spring", i.e., a spring of drinking water.
	σῶν neuter nom. sing. ← σῶς: "safe, sound, well".
22	ἅ: "these", as often with the relative beginning a sentence; subject of ἔχει.
23	κυρεῖ = ἐστί, as often.
24	τἀπίλοιπα = τὰ ἐπίλοιπα: "the rest".
25	ἀμφοῖν: here genitive. The dual endings for adjectives are:

first	second	third	declension
-α	-ω	-ε	nom., acc.
-αιν	-οιν	-οιν	gen., dat.

ἴῃ 3rd sing. pres. subjunc. ← εἶμι.

26 τοὔργον = τὸ ἔργον.
μακράν: *scil.* ὁδόν, "far-off" (W) or "long" in accomplishing.

29 τόδ(ε): See on 1.
καὶ ... γ(ε): "and moreover"; with connective καί the effect of γε is to stress the addition made by καί (GP 157).
στίβου ... κτύπος: "thud of a footprint", a striking way of saying "footstep".

30 καταυλισθείς ← καταυλίζομαι: "lodge" (J).
31 δίχα: prep. + gen. "apart from", i.e., "without".
32 τροφή: "food, nourishment", i.e., "means of living".
33 στιπτή: "trodden down".
ἐναυλίζοντι ← ἐναυλίζω: "dwell, abide" in a place.

35 αὐτόξυλον: either (*a*) "a single piece of wood" (DM, L-J), or (*b*) "rough, undecorated wood" (J, W).
φλαυρουργοῦ ← φλαυρουργός: "working badly, a sorry workman".

36 πυρεῖ(α): "something to do with fire"; here "flintstones" (cf. 296).

39 ῥάκη ← ῥάκος, εος, τό: "rag".
νοσηλείας ← νοσηλεία: "matter discharged from a sore".

40 ἀνήρ = ὁ ἀνήρ.
41 κἄστ' = καί ἐστι.
42 κῶλον: "limb", acc. of respect.
κηρί ← κήρ: "doom, plague". In epos Κήρ is the goddess of death or doom; its use here probably retains some of this religious connotation.

43-44 ἢ 'πὶ φορβῆς μαστὺν ... ἢ φύλλον ... νώδυνον: "(he's gone out) either in search for food, or after a healing plant".

43 μαστύν ← μαστύς, ἡ: "search"; a rare word, proposed by Toup and adopted by L-J&W instead of νόστον, "return" (codd.).
ἐξελήλυθεν perf. ind. ← ἐξέρχομαι: "go out".

45 πέμψον 2nd sing. imper. aor. ← πέμπω: "send".

46 μὴ ... λάθῃ με προσπεσών: "lest he fall upon me unnoticed". λάθῃ ← λανθάνω with acc. of the person, "escape someone's notice"; προσπεσών ← προσπίπτω, "fall upon one, attack", also "encounter". As often, the Greek finite verbal form must be rendered in Engl. with the participle, the Greek participle with the finite verbal form.
ὡς: "as, since".

47	ἕλοιτ(ο) ... λαβεῖν: "he would prefer to capture"; αἱρέομαι + inf. = "prefer to do" (the action expressed by inf.).
48	ἔρχεται: "he is going", *scil.* the man mentioned in 45.
50	ἐφ' οἷς: "that for which (you have come)". ἐπί + dat. expresses a purpose or aim (KG I 502f.).
52	ἤν = ἐάν.
	ὧν: gen. with verb of hearing ἀκήκοας. Note that κλύῃς (53), also a verb of hearing, here takes the acc. τι καινόν.
53	ὑπουργεῖν: "render service to, assist".
54-57	τὴν Φιλοκτήτου ... Ἀχιλλέως παῖς: "In order that you steal away (ἐκκλέψεις) Philoctetes' mind with your words, when he asks you who you are and where from, you must say (σε δεῖ λέγειν): 'Achilles' child'." ἐκκλέψεις, fut. ind. after ὅπως, has the same sense as the subjunc. (S 2203).
58	ὡς πρὸς οἶκον: "for home"; ὡς before a preposition, to mark a purpose (LSJ *s.v.* ὡς, C II).
59	ἐχθήρας part. aor. ← ἐχθαίρω: "hate, detest".
60	ἐν λιταῖς, "with prayers, imploringly".
	στείλαντες part. aor. 1 ← στέλλω: "summon, fetch".
61	ἅλωσιν ← ἅλωσις: "a possibility of capturing" (W).
62-63	οὐκ ἠξίωσαν ... δοῦναι ... αἰτουμένῳ: either (*a*) "they did not think fit to give (any) of his weapons to you when you came (though) asking legitimately", or (*b*) "they did not think you worthy of his weapons, (so as) to give (them) to you when you came (though) asking legitimately".
63	κυρίως: "with full rights" (L-J); literally "as one who is the lord".
64	αὔτ' = αὐτά: used as simple pronoun (plural of "it") in oblique cases (S 328b). In elision, oxytone words have their accent thrown back to the penult (S 174).
65	καθ' for κατά: prep. + gen. "against".
66	ἀλγυνεῖς fut. ← ἀλγύνω: "pain, grieve, distress", with acc. of the person.
68	ληφθήσεται fut. ind. pass. ← λαμβάνω: "seize".
69	ἔστι: "it is possible", as often.
	πέρσαι ← πέρθω: "ravage, sack, destroy".
70	ὡς: "how", i.e., "why".
74	ἀρνήσιμον ← ἀρνήσιμος: "deniable".
76	προσδιαφθερῶ fut. ← προσδιαφθείρω: "destroy besides".
	ξυνών = συνών ← συν + εἰμί: ξυν- for συν- is common in Attic and is often found in this play.

79	φύσει... πεφυκότα: emphatic pleonasm; the notion of "being so and so *by nature* (φύσει)" is already included in πεφυκώς, perfect participle in indirect discourse after verb of knowing and seeing (S 2110, 1874d) ← φύω, "bring forth, beget" (in act. pres., fut. and aor. 1); "grow, become, be by nature" (in act. aor. 2, perf. and plpf., and in pass.).
81	ἀλλ(ὰ)... γάρ: "but, as a matter of fact,...", marking the contrast between what is subsidiary and what is primary or decisive (GP 101). ἡδὺ... λαβεῖν: *scil.* ἐστί. τι: adverbial acc., "in some way".
82	τόλμα 2nd sing. imper.: either "dare to" or "bear to", i.e., "put up with". αὖθις: "after (that)". ἐκφανούμεθα: "appear plainly"; fut. mid. ← ἐκφαίνω.
83	εἰς ἀναιδές: probably adverbial, "shamelessly".
84	κᾆτα = καὶ εἶτα.
85	κέκλησο 2nd sing. perf. imper. ← καλέω: "call".
86	οὓς ἂν τῶν λόγων: "whatever (of) words";
87	Λαερτίου: In Homer, Odysseus' father is called Λαέρτης (gen. Λαέρταο or Λαερτέω); in Sophocles, he is either Λαέρτιος or Λαέρτος.
88	ἔφυν 1st sing. aor. 2 of φύω: See on 79. Note that ἔφυν often means no more than "I am"; e.g. at 1426, and probably also here.
89	οὑκφύσας ἐμέ = ὁ ἐκφύσας ἐμέ: "he who engendered me", i.e., Achilles.
90	πρὸς βίαν: "by force".
92	χειρώσεται: "subdue".
96	καὐτός = καὶ αὐτός. ὢν νέος: "while I was young".
97	ἐργάτιν ← ἐργάτις, ἡ: "a workwoman", so here, "active"; predicative with χεῖρα.
98	ἐξιών ← ἐξ-εῖμι.
98-99	βροτοῖς... πάνθ' ἡγουμένην: "I see words, not deeds, ruling all things for mortals"; with πάντα, direct obj., and βροτοῖς, dat. of interest. ἡγουμένην part. in indirect discourse (see on 79).
99	τἄργα = τὰ ἔργα.
101	λέγω + inf. = command, "I tell you to *x*".

103	οὐ μή: used with aor. subjunc. or fut. indic. in negative predictions (here, 418, 611) or in strong prohibitions (381), to express emphatic denial (S 2754-56).
104	ἰσχύος θράσος: "boldness from strength".
105	ἰούς ← ἰός: "arrow".
	προπέμποντας: "that convey" (L-J).
106	προσμεῖξαι: ← προσμίγνυμι: "mingle with, converse, approach" + dat. Supply ἐστι.
	θρασύ: "a thing that may be dared" (J), scil. "is".
108	ἡγῇ ← ἡγέομαι: "believe".
	τὸ ... λέγειν: articular infinitive.
110	πῶς ... βλέπων: "looking how", i.e., "with what expression, with what face".
	λακεῖν ← λάσκω: as often in tragedy, simply "say".
112	τοῦτον: subj. of inf.
	μολεῖν inf. aor. 2 of βλώσκω: "go, come".
114	ἐφάσκετ(ε): "you (pl.) said". The plural presumably refers to Odysseus and Phoenix who persuaded Neoptolemus at Skyros to come to Troy (345 ff.).
116	θηρατέ(α): "worth catching".
117	ὡς ... γ(ε): "for indeed"; cf. GP 143 (3).
	ἔρξας part. aor. act. nom. sing. masc. ← ἔρδω: "do".
	φέρῃ 2nd. sing. mid.
118	ποίω: dual, see on 25; ← ποῖος.
119	σοφός: "smart, clever"—as throughout the play (except perhaps at 423). Compare the standard description of an Athenian gentleman as καλὸς κἀγαθός, "noble and valiant".
	κεκλῇ(ο) perf. pass. opt.
120	ἴτω 3rd. sing. imper. pres. act. (← εἶμι): "let it go" it's way, i.e., "let it be!" (L-J).
	ἀφείς part. aor. ← ἀφίημι: "let go, get rid of".
121	παρῄνεσα ← παραινέω: here perhaps "instruct".
122	ἴσθ(ι) 2nd. sing. imper. aor. perf. (with pres. sense) ← οἶδα: "know". So σάφ' ἴσθι, "know clearly that it is so", i.e., "rest assured".
	συνῄνεσα ← συναινέω: "consent, agree".
123	ἐκδέχου 2nd sing. imper. ← ἐκδέχομαι: "wait for, expect".
124	ἄπειμι ← εἶμι, which is used as the fut. of ἔρχομαι.
	παρών: See on 9.
126-27	τοῦ χρόνου ... τι κατασχολάζειν: "idle away some of the

time"; χρόνου partitive gen. The relation between κατασχολάζω tr. ("idle away", literally "idle down") and σχολάζω intr. ("be idle, loiter") is analogous to that between, say, καταγελάω tr. ("laugh down, deride") and γελάω intr. ("laugh").

128 ναυκλήρου τρόποις: "in the guise of a skipper".
129 ἀγνοία: last syllable long as in S. *Tr.* 350.
130 οὗ: "from whom", with δέχου, 2nd sing. imper. pres., "receive, get". For δέχομαι with gen. of the person from whom one receives —instead of the more usual παρά + gen.— see *Il.* 1.596, 24.305, S. *OT* 1163.
131 τὰ συμφέροντα: "what is advantageous".
τῶν ἀεὶ λόγων: "in whatever words are spoken"; note the similarity of the Greek and the Engl. idioms (ἀεί = "ever").
132 παρείς ← παρίημι: "leave (something to someone)"
133 νῷν: dual dat. (also gen.) of ἡμεῖς, "we".
134 Πολιάς: "city-goddess".

134-218 PARODOS (entry song of chorus)

Tragic lyrics usually have a "Doric" flavor, most noticeably the frequent —but not universal— substitution of long alpha for eta. The most common differences are (i) -α, -ας, -αν, -ᾳ, for -η, -ης, -ην, -ῃ, in feminine word-endings (also in adverbs, 701); (ii) -ας/-αν for -ης/-ην, in masculine sing. nom./acc. noun endings (136, 1148); (iii) -ᾶν for -ῶν in genitive plural endings (396, 725); (iv) -ᾳ for -η (216, 218, 848) and -αν for -ην in verb endings (395, 1113); (v) -α- for -η- in the root of a few words (189 Ἀχώ, 711 πτανοῖς —cf. 1109, 1146—, 848 μάκιστον, 1101 τλάμων). Other Doric forms are explained as they occur.

135 με . . . ξένον: "me, a foreigner".
ἐν ξένᾳ *scil.* χώρᾳ: "in foreign land". ξένᾳ is Doric for ξένῃ, sing. fem. dat. of ξένος, "foreign". See above on Doric forms.
136 ὑπόπταν Doric ← ὑπόπτης: "suspicious".
139 προὔχει: contracted form of προέχω: literally "jut out, project", metaphorically "surpass, excel"; with gen.
140 σκῆπτρον ἀνάσσεται: "the scepter is wielded royally". σκῆπτρον is probably a cogn. acc., converted here to subj. of the

	pass. verb (cf. S 1566, 1568).
141	σέ: acc. of end of motion, "to you".
142	ὠγύγιον ← ὠγύγιος: primeval.
144	ἐσχατιαῖς: "in the furthest parts, edges, borders (of the island)".
147	ὁδίτης: "traveller".
	οὐκ = ὁ ἐκ, "the one from".
148	πρὸς ἐμὴν ... χεῖρα προχωρῶν: "advancing in agreement with my hand", i.e., with the signs I'll make you with it.
149	πειρῶ 2nd. sing. imperat. pres. of πειράομαι: with inf., "try to".
	τὸ παρόν: "the present" (or perhaps adverbial, "in whatever way possible"); ← πάρειμι.
150	μέλον: neut. part.: "being a care/concern" ← μέλω.
151	φρουρεῖν ὄμμ': either (a) "to keep a vigilant eye on", with ὄμμα cogn. acc. with φρουρεῖν ("to guard/watch an eye") (W), or (b) "that my eye should watch", with ὄμμα subj. of φρουρεῖν, in apposition to μέλημα.
155	ἀποκαίριον: "unseasonable".
160	πετρίνης κοίτης: "consisting of a couch of rock" (W); genitive of material (S 1323).
163	ὀγμεύει ← ὀγμεύω: "ploughs one's way along"; ← ὄγμος, "furrow, swathe, path".
165	λόγος ἐστί: "the story goes" (LSJ s.v. λόγος, VI.2.e).
166	στυγερὸν στυγερῶς: "wretchedly wretched". The codd. reading is more bland than Brunck's emendation σμυγερὸν σμυγερῶς, "painfully pained", adopted by L-J&W; but otherwise there is nothing wrong with it.
168	παιῶνα ← παιών: "healer".
	ἐπινωμᾶν ← ἐπινομάω: here intr. "direct one's course towards", thus "approach", like προσνομάω at 717 (J).
169	ὅπως: "how".
170	του κηδομένου: gen. absolute, parallel to participial phrase in 171 (μηδέ = "nor"). Conditional μή (S 2728).
171	σύντροφον ← σύντροφος: "brought up together with" + ὄμμ(α) ("eye"), i.e., the presence of a companion.
174	ἀλύει ← ἀλύω: "to be distraught, perplexed".
174-75	ἐπὶ παντί τῳ χρείας: "(as he faces) everything which is (an instance) of need".
179	μὴ μέτριος: "not measured" is variously interpreted, "not tolerable" (LSJ), "unkind" (L-J), "out of the ordinary" (J). The μή

	marks the clause as generalizing.
181	οὐδενός: genitive of comparison (S 1431).
182	ἄμμορος: "without a share of".
186	ἀμερίμνητά: "uncared for".
188	ἀθυρόστομος: "doorless" i.e., unstoppable; here feminine.
190	ὑπακούει: "answers, responds".
192	κἀγώ = καὶ ἐγώ.
194	ὠμόφρονος: "savage, cruel"; literally "raw-minded".
	Χρύσης ← Χρύση: Philoctetes was bitten by a snake that guarded the shrine of Chryse, in the islet of the same name (270), near Lemnos.
195	ἅ: typical compression for ταῦτα ἅ, "concerning (those things) which, concerning what"; acc. of respect.
	δίχα κηδεμόνων: "without anyone to care for him".
196	οὐκ ἔσθ' ὡς οὐ: "there is no way that (it is) not, it is not possible that (it is) not".
	μελέτη: "care, concern"; with subjective gen. of the person caring (του) and objective genitive of the thing cared about (τοῦ μὴ ... τόνδε ... τεῖναι, "that this man not direct ... ").
200	σφ(ε): scil. Troy. σφε acc. personal pronoun, masc. or fem., sing. or plur. (S 325 4.e).
201	εὔστομ' ἔχε: "keep a good mouth", i.e., "keep silence".
209	τρυσάνωρ: "of a weary man", found only here.
	διάσημα θρηνεῖ: either (a) "wails clearly" —if διάσημα is adverbial neuter— or (b) "wails clear things" (i.e., clear wailings) —if διάσημα is cogn. acc.
212	ἔξεδρος: "far from home" (L-J); cf. ἔνεδρος 153.
215	πταίων ← πταίω: "stumble".
216	τηλωπόν: "heard from afar"; literally "seen from afar".
217	νάος: Doric gen. sing. of ναύς, "ship".
217-18	ἄξενον ... ὅρμον: "inhospitable anchorage".
	αὐγάζων ← αὐγάζω: "view in the clearest light, discern".

219-675 FIRST EPISODE

220	τίνες: interrogative pronoun nom. masc. pl.
	πλάτῃ ← πλάτη: "oar".
221	κατέσχετ' ← κατέχω: "put in to harbor".

222	πάτρας ... ἢ γένους: gen. of origin. ὑμᾶς: scil. ὄντας, "of what country or race would I be right to say you are?".
222-23	ἄν ... ἄν: The emphasis on πάτρας as well as on γένους warrants the repeated ἄν (cf. S. OT 339, E. Andr. 935).
223	τύχοιμ': here "hit the mark". σχῆμα: "design, pattern".
225	ὄκνῳ ← ὄκνος: "shrinking, hesitation"; dative of accompanying circumstance (S 1527).
226	ἐκπλαγῆτ' 2nd. pl. aor. pass.: "be struck with panic of x (acc.)" (cf. Th. 6.11.4); ← ἐκπλήσσω, "drive out of one's senses by a sudden shock, amaze". ἀπηγριωμένον ← ἀπαγριοόμαι: "become savage, go wild".
232	ἴσθι: See on 122. οὕνεκα: "that".
233	βούλῃ 2nd. sing. pres. ind. mid.: -ῃ is usually given as the proper spelling in tragedy, whereas -ει is printed in the texts of prose and comedy (S 628).
234	φεῦ: expressing joyful wonder. τὸ ... λαβεῖν: articular infinitive used in exclamation (S 2036); cf. E. Med. 1052.
235	ἐν χρόνῳ μακρῷ: "after a long time".
236	προσέσχε ← προσέχω: "bring to shore", here with acc. of the person or thing transported (as in Hdt. 9.99, E. Or. 362); at 244 with acc. of the point of destination.
238	γέγωνέ imper. ← γέγονα: "speak, declare".
240	Σκύρου ← Σκῦρος: island in the Aegean sea, some 30 miles east of Euboea (area: 78 sq. miles). In Il. 19.326-27 Achilles says that his son Neoptolemus is being reared there. See on 243.
243	Λυκομήδους ← Λυκομήδης: Neoptolemus' maternal grandfather, lord of Skyros. Apollodorus (3.174) tells the following story: When Achilles was nine years old, his mother Thetis, to prevent his eventual recruitment for the Trojan War, dressed him as a damsel and placed him in Lycomedes' court; Achilles slept there with Lycomedes' daughter Deidamia and Neoptolemus was born of this union.
244	στόλῳ ← στόλος: "errand" here; "expedition" at 247 and 916, perhaps "fleet" at 270, "equipment" and/or "crew" at 547.
245	τανῦν = νῦν.
248	μετέσχες 2nd sing. aor. ← μετέχω: share in, take part in (+

gen.).
249 οὐ γὰρ οἶσθά μ'...; "so you don't know me?" The original force of γάρ, which is to characterize the idea being expressed as a consequence of the present situation, still comes through in questions (KG II, 335.7).
251 οὐ τοὔνομ' (= οὐ τὸ ὄνομα): J. F. Martin's ingenious substitute for codd. reading οὐδ' οὔνομ', an Ionic form. L-J&W and others read οὐδ' ὄνομ' ἄρ'.
252 ᾔσθου 2nd sing. aor. ind. mid. ← αἰσθάνομαι: "perceive".
253 ὡς μηδὲν εἰδότ': "as one that knows nothing"; participle after verb of mental action.
      ὧν = τούτων ἅ.
255 κληδών: "news, tidings".
259 τέθηλε: "is in full bloom"; intensive perfect (KG I, 148.4) ← θάλλω, "flourish".
264 χὠ = καὶ ὁ.
      Κεφαλλήνων ἄναξ: in Homer the term "Cephallenian" applies to all the subjects of Odysseus (Il. 2.631, Od. 20.210, etc.).
267 πληγέντ' part. aor. masc. sing. acc. pass.: "struck by x (gen.)" ← πλήσσω, "strike, smite".
      χαράγματι ← χάραγμα: "mark, scratch, bite".
268 ξὺν ᾗ: "with which (illness)".
270 Χρύσης: See on 194.
      κατέσχον: See on 221.
      στόλῳ: See on 244.
271 ἄσμενοί: "glad".
      σάλου ← σάλος: "tossing (from the waves)".
272 ἐν κατηρεφεῖ πέτρᾳ: "in a rock roofed over", i.e., in a cave.
273 οἷα: adv. "as".
274 βαιά ← βαιός: "little, small, few".
275 ἐπωφέλημα: "help, store".
      τύχοι: optative of wish.
276 οὗ: with ὕπνου, "from what dream...?" (Kvíčala's conjecture; codd. have σύ).
277 βεβώτων part. perf. gen. pl. ← βαίνω: "go".
278 Supply δοκεῖς from 276.
282 συλλάβοιτο ← συλλαμβάνω: "to assist someone (dat.) in something (gen.)"; literally "to come to grips with x (gen.) together with y (dat.)".
283 ἀνιᾶσθαι: "to be distressed"; articular infinitive without the

	article.
286	κᾆδει = καὶ ἔδει. The impf. indicates successive needs at successive moments.
288	ὑποπτέρους ← ὑπόπτερος: "winged"; metaphorically, "flying".
289	βάλλον ← βάλλω: here "hit with a missile"; modifying τόξον.
290	νευροσπαδής: "drawn back with the string".
	ἄτρακτος: literally "spindle"; here, metaphorically, "arrow".
	ἄν: with the imperfect, to express repeated or customary past action (S 1790). According to J, ἄν is repeated after πρὸς τουτ' (292) to emphasize the limit of the painful effort.
291	εἰλυόμην: "I would limp" (U). The act. εἰλύω means "to fold, enwrap, roll up".
292	ἄν: For repeated ἄν see on 222-23.
293	χυθέντος part. sing. masc. gen. aor. pass.: "shed, scattered" ← χέω, "pour, shed, spread".
	οἷα χείματι: "as in winter"; see on 273.
294	θραῦσαι ← θραύω: "shatter, split".
297	ἔφην(α) 1st. sing. ind. aor. act. ← φαίνω: "bring to light, cause to appear".
300	φέρ(ε): imper. used as adv., "come, now, well".
	μάθῃς: The hortatory subjunctive after φέρε occurs elsewhere only in 1st sing.; with the 2nd sing. one would use the imperative (cf. φέρ' εἰπέ at 433). However, though μάθε would here be metrically possible, the corruption to μάθῃς seems very unlikely.
	τὸ τῆς νήσου: For a similar construction, with neut. sing. τό instead of pl. τά, see E. *Alc.* 785, Th. 8.89.4, Pl. *Gorg.* 450c, *Leg.* 712d.
303	ἐξεμπολήσει κέρδος: "will drive a gainful trade" ← ἐξεμπολάω, "traffic".
304	πλοῖ nom. pl. ← πλοός: "sailing, voyage"; this form also in X. *An.* 5.7.7; the regular form πλοοί is found only in Hdt. 1.185.
305	τάχ(α): adv. "perhaps". τάχα in this sense is regularly followed by ἄν, as in 20 (see however Pl. *Leg.* 711a), so Hermann proposed to substitute ἄν for οὖν; but οὖν, with concessive force, is required by the context.
	ἔσχε: The simple verb from which κατέσχε and προσέσχε are compounded; cf. 221, 236 (W).
	τάδε: "things of this sort".
310	μνησθῶ 1st sing. aor. subjunc. pass. ← μιμνήσκω: frequently

Sophocles' *Philoctetes*

	in aor. pass. "make mention of" (cf. *Od.* 4.118).
311	σῶσαί μ' ἐς οἴκους: "to carry me safely home".
313	ἀδηφάγον: "eating one's fill, gluttonous".
317	ἴσα: adv. "like".
320	ὥς: "how, that"; it causes the change in accent of εἴσι (S 187b) σὺν τυχών: "having found also" (i.e., as well as you). For adverbial σύν see A. *Ag.* 586, 1644; S. *Ant.* 85, *El.* 299, *Aiax* 1288, etc.
322	ἦ γάρ: "truly then", "so indeed".
323	ἔγκλημ': "complaint". In Athens, ἔγκλημα was the legal term for complaints leading to civil suits.
326	χἠ = καὶ ἡ.
327	τίνος: gen. of source (of the rage).
328	χόλον: cogn. acc. with ἐγκαλῶν.
330	ἄγωγ' = ἃ ἔγωγε.
	ἐξελωβήθην ← ἐκλωβάομαι: "sustain grievous injuries".
335	δαμείς part. sing. masc. nom. aor. pass. ← δαμάζω: here "lay low, kill"; generally, "overpower, subdue, tame (an animal), subject to a husband (a girl)".
340	τῶν πέλας ← οἱ πέλας: "one's neighbors"; ← πέλας, adv. "near, hard by, close".
343	ἦλθον ... μέτα ← μετέρχομαι: c. acc. pers. "come (*or* go) in search of"; tmesis (S 1650-53; more satisfactorily KG I, 530-38). νηὶ ποικιλοστόλῳ: "on a garlanded ship"; ships were thus dressed for official missions (W).
344	χὠ (= καὶ ὁ) τροφεὺς τοὐμοῦ πατρός: "and my father's tutor" (L-J), i.e., Phoenix (cf. *Il.* 9.485 ff.).
353	αἱρήσοιμ(ι): future optative, "I would take".
355	Σίγειον: promontory northwest of Troy. οὐρίῳ πλάτῃ: "by rowing assisted by the wind". οὖρος is a favorable wind.
362	ἀπῄτουν 1st. sing. imperf. act. ← ἀπαιτέω: "demand back, demand to have returned", especially of things forcibly taken or rightfully belonging to one.
363	τλημονέστατον: "shameless" (W); "miserable" (L-J) ← τλήμων, "patient, suffering; bold, reckless".
365	ἑλέσθαι inf. aor. mid. ← αἱρέω: in mid. "take for oneself".
370	πρὶν μαθεῖν ἐμοῦ: "before learning from me", i.e., "without first asking me".
374	ἤρασσον ← ἀράσσω: "beat, strike, pound".

375	οὐδὲν ἐνδεὲς ποιούμενος: "making —on my part (middle voice!)— nothing deficient" (J), i.e., leaving nothing to be desired in the matter of curses.
376	εἰ... ἀφαιρήσοιτό με: The curses were subject to this condition, i.e., their general form was "May this and that fall upon your head *if* you take my weapons away from me".
377	ἐνθάδ' ἥκων: "brought to (literally: "arriving at") this point". δύσοργος: "of hasty temper" (U).
378	δηχθείς: "stung, bitten"; ← δάκνω. ἀξήκουσεν = ἃ ἐξήκουσεν: "what he had heard" ← ἐξακούω.
379	ἵν(α) ἡμεῖς: "where we (were)".
381	οὐ μή: See on 103.
382	κἀξονειδισθείς κακά: "and having foul reproaches cast at one".
383	τητώμενος ← τητάομαι: "be deprived of".
385-88	These lines are bracketed by L-J&W (following Barrett and Fraenkel). They argue that the gnomic pronouncement would fit a context in which an advocate of authority is blaming agitators for the indiscipline of some of his subjects, while here Odysseus is being relieved of blame precisely because he was obeying orders (*Soph.* 187). They must assume that τοὺς ἐν τέλει refers to a bunch of ringleaders, which is hard to believe (see next note). Still, their argument could justify deletion of 387-88, as proposed by Polle.
385	τοὺς ἐν τέλει: "those in office, the authorities" ← τέλος, "office, magistracy".
391	ὀρεστέρα ← ὀρεστέρος: "who lives in the mountains", as opposed to ἀγρότερος, "who lives in the fields". On the role of the suffix -τερος see S 313b. παμβῶτι: voc. "all-nourishing"; epithet of Earth, identified here with the Anatolian mountain goddess Cybele and with Rhea, mother of Zeus.
393	ἅ Dor. for ἥ: sing. fem. nom. relative pronoun, "who".
394	Πακτωλόν: the gold-bearing river of Sardis; the city had a Cybele's cult (Hdt. 5.102).
395	κἀκεῖ = καὶ ἐκεῖ. ἐπηυδώμαν Dor. for ἐπηυδώμην, 1st. sing. impf. mid. ← ἐπαυδάω: in mid. with acc., "call upon, invoke".
400-401	ταυροκτόνων λεόντων ἔφεδρε: Pheidias made for the Athenians a statue of Cybele on a throne decorated by lions

	slaying bulls.
401	τῷ Λαρτίου: "to the one (i.e., son) of Laertes"; with παρέδιδοσαν (399), "handed over, surrendered".
405	προσᾴδεθ' 2nd pl. pres. ind. ← προσᾴδω: "chime in with, agree with".
408	θιγόντα ← θιγγάνω: "touch" (+ gen.); in indirect discourse introduced by a verb of knowing, the participle represents a dependent statement, each tense having the same force as the corresponding tense of the indic. or opt. with ὅτι (S 2106).
413	ταῦτ(α): neut. pl. acc. with ἐσυλήθην, 1st. sing. aor. ind. pass. ← συλάω, "strip someone (acc.) of something (acc.)"; in the pass. voice, the acc. of the person becomes the subject of the verb, while the acc. of the thing is retained as such (cf. KG I 326.7).
416	ὁ Τυδέως γόνος: i.e., Diomedes, companion of Odysseus in the scouting operation of *Il.* 10. Cf. 570.
417	οὑμπολητὸς (= ὁ ἐμπολητὸς) Σισύφου Λαερτίῳ: "the son of Sisyphus sold to Laertius" (W); there was a story, unknown to Homer, that Anticleia was pregnant by Sisyphus when Laertes married her.
418	οὐ μὴ θάνωσι: See on 103.
419	ἐπίστω, irreg. form of ἐπίστασο 2nd. sing. pres. imper. ← ἐπίσταμαι: "understand, know". This form is found 8 times in Soph. and 4 times in Xenoph.
423	ἐξήρυκε ← ἐξερύκω: "ward off, repel". The compound verb attested only here and in Archil. fr. 27.12 West.
426-27	οἷν ... ὀλωλότοιν: dual gen. with κλύειν; "(to hear) about them (that they are) dead".
429	κἀνταῦθ' ἵνα: "even here, where"; i.e., "even now, when".
434	τὰ φίλτατα: neut. pl. "one's nearest and dearest".
439-40	φωτὸς ἐξερήσομαι ... τί νῦν κυρεῖ: "concerning the man I shall inquire ... what's happening". Note that ἐξέρομαι goes regularly with the acc. of the object inquired into. So the gen. φωτός κτλ. is of the type described in KG I 363.11: it precedes a sentence with which it stands in loose connection, to indicate its general subject-matter.
442	Θερσίτης: An Achaean soldier with a sharp tongue and a misshapen body who was chided and badly beaten by Odysseus for his defiant criticism of Agamemnon (*Il.* 2.212-277).
443	εἵλετο ← αἱρέομαι: "choose, prefer".

	εἰσάπαξ: "once and for all".
444	ἐῴη 3d. sing. opt. pres.: "would let (him)" ← ἐάω.
446	ἔμελλ(ε): "he is likely to"; cf. our colloquial "he would!"
447	περιστέλλουσιν ← περιστέλλω: "wrap up", hence "protect".
448	παλιντριβῆ ← παλιντριβής: "rubbed again and again"; whence "knavish, crafty". W compares Engl. "smooth".
452	ἐπαθρῶν ← ἐπαθρέω: "look at, survey". The word is only attested in Bacchylides 13.227, but makes good sense here, while the codd. reading ἐπαινῶν does not.
453	ἐγὼ μέν: "I at any rate"; inceptive μέν not answered by δέ, as often in drama (GP 383).
	Οἰταίου ← Οἰταῖος: "from (Mount) Oita"; see on 4.
454	τὸ λοιπόν: adverbial, "in future"; literally "in what is left (*scil.* of my lifetime)".
458	στέρξω: στέργω means "love, feel affection for, be fond of"; but also "be content with, acquiesce in", so perhaps here "tolerate" (L-J), "put up with".
464	ἴωμεν: "let us go"; hortatory subjunctive.
467	ἀπόπτου ← ἄποπτον: "away from sight".
468	πρός ... πατρός: "by your father"; πρός + gen. in entreaties (S 1695b). σε acc. with ἱκνοῦμαι, "I implore you".
473	ἐν παρέργῳ: "as a bywork, as subordinate, secondary".
482	πρύμναν†: Short α is unmetrical in this position. Elmsley replaced it (here and at Ar. *Vesp.* 399) with the Ionic form πρύμνην. L-J&W suggest that the entire text from ἄγων to πρύμναν (481-82) is an intrusion.
485	προσπίτνω σε γόνασι: "I supplicate you on (my) knees" or "at (your) knees". προσπίτνω, "fall down to in supplication", with acc. (E. *El.* 221, *Phoen.* 293, 924, *Andr.* 537, *Troad.* 762) or dat. (S. *OC* 1754) of the person to whom supplication is made.
486	ἀκράτωρ: "powerless, helpless".
	ἀφῇς 2nd. sing. subjunc. aor. act. ← ἀφίημι: "leave aside, neglect"; prohibitive subjunctive (S 1800).
489	Χαλκώδοντος ← Χαλκώδων: father of Elephenor, who commanded the Euboean troops at Troy (*Il.* 2.536 ff.); nothing else is known about him.
491	Τραχινίαν: belonging to Trachis, region of Malis south of the river Sperchios.
	δεράδα ← δεράς: the "ridge" of a chain of hills.

492	Σπερχειόν: river of Malis (see on 4).
493	παλαιὸν ἐξότου: "it is long since". ἐξότου = ἐξ οὗ.
494	μὴ ... βεβήκῃ: "lest he is gone away", i.e., dead ← βαίνω. ἰγμένοις: perf. part. dat. pl. masc. ← ἱκνέομαι; Dat. of means/agent.
496	αὐτόστολον πλεύσαντά μ' ἐκσῶσαι δόμους: "that he should sail in person to fetch me home" (L-J). The acc. + inf. clause spells out Philoctetes λιταί ("entreaty").
497	τὰ τῶν διακόνων: periphrastic for οἱ διάκονοι, "the messengers" (S 1299).
498-99	ἐν σμικρῷ ... ποιούμενοι: "making little of, valuing lightly".
503	θἄτερα = τὰ ἕτερα: euphemistic for κακῶς (cf. D. 22.12).
504-6	Deleted by Reeve, who gives 16 instances of Sophoclean speeches ending with a gnomic statement like the one in 502-503; to this 504-506 add little, and that little is irrelevant (*Soph.* 191).
508	δυσοίστων ← δύσοιστος: "hard to bear" ← οἴσω fut. of φέρω.
509	τύχοι: optative without ἄν to express a wish (S 1814).
512	μέν: emphatic μέν with pronoun (GP 360); cf. on 453.
515	ἔνθαπερ: stronger form of ἔνθα, "where". ἐπιμέμονεν poetic perf. with pres. sense: "he longs to go" (L-J). This otherwise unattested verb was introduced here by modern editors.
517	[ἐκ]: deleted by Hermann because τὰν θεῶν metrically matches Λαρτίου at 401, but τὰν ἐκ θεῶν does not. The phrase νέμεσις θεῶν, without ἐκ, is found at 601-602.
519	ὅρα σὺ μή: "beware lest". εὐχερής: "easy to handle, easy, yielding, tolerant".
520	πλησθῇς τῆς νόσου ξυνουσίᾳ: "sated with the company of the illness" ← πίμπλημι.
521	αὐτός = ὁ αὐτός: "the same as" (+ dat.).
522	οὐκ ἔσθ' ὅπως: "there is no way"; cf. 196.
523	ἕξεις 2nd sing. fut. ← ἔχω + inf. = "be able to x".
524	αἰσχρά: *scil.* ἐστί, "it is a shame"; neuter plural used in reference to a single idea (S 1003); cf. S. *OC* 485, *Aiax* 1126, Thuc. 1.88.1, etc.
526	ὁρμάσθω: 3d. sing. imper. pres. "let him start quick".
527	ἀπαρνηθήσεται: "will not refuse". The ship Argos refused to carry Heracles because he was too heavy.
529	ὅποι: "whithersoever".

533	προσκύσαντε dual. part. aor. ← προσκυνέω: "do reverence", ← κυνέω, "to kiss".
536	θέαν: "sight/view (of this island)"; note the accent.
538	προὔμαθον = πρὸ ἔμαθον: "I learned gradually".
539	ἐπίσχετον 2nd dual imper. aor.: "halt!" ← ἐπέχω.
540	ἀλλόθρους contr. form of ἀλλοθρόος: "foreign"; properly "speaking another language" ← θροέω, "speak".
541	εἴσιτον 2nd dual imper. aor.: "go in!"
544	ποῦ κυρῶν εἴης: "where you happen to be"; optative in indirect discourse.
545	δοξάζων: here "expecting to".
547	στόλῳ: "equipment, crew"; cf. 244.
549	Πεπάρηθον ← Πεπάρηθος: a wine-growing island due east of Skiathos, near the southern tip of Magnesia. It is presented here as a source of wine for the Greek army at Troy, a role played in Homer by Lemnos itself (*Il.* 7.467), but in Sophocles' story Lemnos is uncultivated (cf. 2).
549-50	ἤκουσα τοὺς ναύτας ὅτι... εἶεν: "I heard that the sailors were". Here the subject of the clause introduced by ὅτι is drawn into the main clause and becomes its object; cf. S. *Aiax* 1141, X. *Mem.* 4.2.33, and, of course, NT Luc. 12:24; a similar construction with πῶς, not ὅτι, occurs at Luc. 12:27 and Matth. 6:28, whence the name "lilies of the field construction" often given to it.
551	σῖγα: adv. "in silence", i.e., without reporting to Neoptolemos and being duly tipped for it.
552	προστυχόντι τῶν ἴσων: either (*a*) "having received a fair reward from you for my news" (J, followed by DM, L-J, Willige); or (*b*) "having met with the same fortune as you", i.e., having put in at the same coast (Nauck, followed by W, U)..
556	ἐξαργούμενα: "left undone".
557-58	ἡ χάρις ... τῆς προμηθίας ... προσφιλὴς μενεῖ: "the kindness of your consideration will remain dear to me"; a Greek gentleman's way of saying: "You can be sure I'll reward you bountifully".
558	μενεῖ 3rd sing. fut. ← μένω: "remain, stand fast".
561	φροῦδοι: "gone", *scil.* from Troy.
562	Φοῖνιξ: See on 344.
	οἵ ... Θησέως κόροι: Demophon and Acamas. No story links them to Neoptolemos. Perhaps introduced here to establish a

	connection with Athens.
566	καθ' ὁρμήν: "eagerly" (like κατὰ σπουδήν).
567	ὡς ταῦτ(α) ... δρώμεν(α): See on 253.
	ἐπίστω: See on 419.
574	ἄν = ἃ ἄν.
576	ἔρῃ 2nd. sing. indic. subjunc. ← ἔρομαι: "ask".
	ὅσον τάχος: "as quickly as possible". Contrary to what we read in LSJ, s.v. ὅσος I.7, this idiom is much more frequent than its equivalent ὅσον τάχιστα. Neither one is attested in classical Greek outside Attic drama.
579	διεμπολᾷ ← διεμπολῶ: "barter".
582	διαβάλῃς ← διαβάλλω: "slander, accuse".
584	θ' = τε: connects χρηστά with πόλλ(α) in 583; when πόλλα is joined with another adjective the conjunction need not be translated.
	οἷ(α) + part.: "in as much as".
590	ποιοῦ: "do so" (i.e., deem me thus responsible).
591	'πί = ἐπί: such elision after a stop is rare, but cf. E. *IA* 719, *Rhes.* 157, Ar. *Nub.* 1354 (J).
593	διώμοτοι: under oath.
594	πρὸς ἰσχύος κράτος: "by the might/power/mastery of force"; see on 90. πρός + acc. in an almost causal sense, expressing that the result is proportional to —and is to be expected from— the source mentioned (KG I, 520).
597	θἀτέρου = τοῦ ἑτέρου (see on 503).
598	τίνος ... πράγματος χάριν: "for the sake of what business".
	τοῦδ(ε): i.e., Philoctetes, obj. of ἐπεστρέφοντο; picked up by ὅν 600.
600	εἶχον ... ἐκβεβληκότες: "they had thrown out" (L-J); ἔχειν is used here as auxiliary verb with participle, much as "have" in English.
	χρόνιον: predicative adjective; virtually adverbial (as often with time, e.g. πρῶτος for πρῶτον).
606	Ἕλενος: son of Priam, and a prophet (*Il.* 6.76, 7.44-53).
607	ἀκούων: in passive sense, "having something (acc.) spoken of one".
611-12	οὐ μή ... πέρσοιεν: On οὐ μή expressing emphatic denial, see above (103). Fut. opt. substituted for the fut. ind. in indirect discourse (S 2619).
614	ὅπως ἤκουσ(ε): "as he heard", i.e., "when he heard".

617	οἴοιτο: optative in indirect discourse concerning the past (KG, I, 254-55; II, 546-47; S 2623b-c). The merchant relates what Odysseus said after hearing the prophecy.
618-19	τούτων ... μὴ τυχών: "if he did not attain these".
619	ἐφεῖτο ← ἐφίημι: with inf. "impel, allow".
621	καὐτῷ ... κεἴ τινος κήδῃ πέρι: literally "both you and if you care for someone" i.e., "both you and anyone you care for".
622	ἡ πᾶσα βλάβη: "that utter plague" (L-J).
624	ὧδε: "in this way", i.e., by an advocate I so utterly mistrust and dislike. Cf. Pl. Crat. 391a δοκῶ μοι ὧδε ἂν μᾶλλον πιθέσθαι σοι, εἴ μοι δείξειας ...
625	οὐκείνου πατήρ: scil. Sisyphus; see on 417.
626	εἶμ(ι): See on 124.
627	σφῷν dual: "to you both". ὅπως ἄριστα: "in the manner in which (it will be) best".
629	... ἐλπίσαι ...: infinitive clause epexegetic to τάδ(ε); "is *this* not shocking, *viz.* that he should hope ... " (cf. KG II, 436-37).
630	νεὼς ἄγοντ': "taking (me) from (his) ship" (cf. 613).
634	ὀθούνεχ' = ὅτου ἕνεκα: used here like οὕνεκα at 232, simply for ὅτι, "that".
635	χωρῶμεν: hortatory subjunctive "let's go" (cf. 397).
636	ὁρίζῃ: "separate".
639	τοὐκ = τὸ ἐκ. ἀνῇ 3d sing. subjunc. aor. act. ← ἀνίημι: intr., "slacken, abate".
640	ἀντιοστατεῖ ← ἀντιοστατέω: "to be contrary" (said of wind).
644	παρῇ impf. ← πάρεστι: impers. "be in the power of *x* (dat.) to do *y* (inf.)". χἀρπάσαι = καὶ ἁρπάσαι.
645	ἀλλ(ά): marking Neoptolemus' yielding (W). χωρῶμεν ... λαβών: The shift from plural to singular moved some editors to read λαβόνθ' or λαβεῖν.
647	ἔστιν ὧν δεῖ: "there are things I need"; literally "there are (things) of which (ὧν) there is need (δεῖ impers.)". ἄπο: For accent see on 6.
649	φύλλον: "herb".
650	κοιμῶ: "put to rest, lull".
651	τί γάρ: "what else?" γάρ marks a transition to a fresh point, after the preceding one has been resolved (cf. GP, 81).
652	μοί ... ἀπημελημένον: "neglected by me"; in classical Greek the neut. perf. pass. participle ἀπημελημένον occurs only here

and in Hdt. 3.129 and 3.132; it is used by late writers in other cases and genders, and also as the adv. ἀπημελημένως. The verb ἀπαμελέω is not otherwise attested; we can regard it as a strengthened form of ἀμελέω, "have no care for, be neglectful of".

653 παρερρύηκεν ← παραρρέω: "slip out"; the subject is τι τόξων. ὡς = ἵνα.
655 ἃ βαστάζω χεροῖν: "which I hold in both hands".
656 ἔστιν ὥστε . . . ; "is there a way to . . . ?" i.e., "is it possible to . . . ?"
θέαν: See on 536.
657 προσκύσαι: here probably "kiss reverently"; see on 533.
658 καὶ . . . κ(αί): "not only . . . but also" (S 2877).
658-59 κἄλλο . . . ὁποῖον ἄν σοι ξυμφέρῃ: "and whatever else may help you" (U).
661 πάρες: "let it go, forget it" (← παρίημι).
666 ἔνερθεν: prep. w. gen. "beneath", i.e., "in the power of".
πέρα: prep. w. gen., "beyond", i.e., "out of the reach of".
668 κἀξεπεῦξασθαι = καὶ ἐξεπεῦξασθαι: "and to boast (εὔχομαι) about it (ἐπ-) loudly (ἐκ-)".
669 μόνον, with βροτῶν (668), subj. of inf. ἐπιψαῦσαι, "touch".
670 εὐεργετῶν: Philoctetes' kindness towards Herakles was to ignite the latter's funeral pyre.
672 εὖ δρᾶν: "to do a good turn"; δρᾶν inf. pres. ← δράω: "do".
673 παντὸς . . . κτήματος κρείσσων: "better than any possession".
675 ξυμπαραστάτην ← συμπαραστάτης: "one who stands by to aid".

676-729 STASIMON

676-90	This notoriously corrupt strophe first describes how Zeus punished Ixion for coveting his wife (ἐξήκουσ'... ὡς); cf. Pi. P. 2.21 ff.
676	πελάταν ← πελάτας, Doric for πελάτης: "one who approaches" ← πελάζω.
678	ἄμπυκα... δρομάδ(α): "running wheel". ἄμπυξ is properly a "headband" or "diadem".
681	τοῦδ' ἐχθίονι: "more hateful than this one" (gen. of comparison).
683	οὔτε τι ῥέξας τιν': "not having done anything to anyone". νοσφίσας ← νοσφίζω: with acc. "to set apart, separate, remove"; hence "not having defrauded (anyone of anything)" or, less likely, "not having murdered (anybody)" (scil. βιοῦ).
687	ποτε: with intensive force, in questions, "(how) on earth, (how) in the world".
687-88	ἀμφιπλήκτων ῥοθίων: "the waves crashing around (him)".
690	κατέσχεν: either (a) "kept a hold on" (J), "controlled" (W); or (b) "endured" (L-J), "sustained" (U).
691	ἵν' αὐτὸς ἦν πρόσουρος: "where he was neighbor to himself alone" (J). βάσιν ← βάσις: "step", i.e., mobility.
692	κακογείτονα: "near his troubles", rather than "bad neighbor".
694	στόνον ἀντίτυπον: "groans which are echoed" ← ἀντίτυπος: "striking against a hard body", hence, of sound, "echoed". βαρυβρῶτ' ← βαρυβρῶς: "grievously devouring", "gnawing" (U); hapax.
696	αἱμάδα κηκιομέναν ἑλκέων: "blood oozing from (the) sores"; αἱμάς is attested here only.
697	ἐνθήρου: "louse-ridden" (L-J).
700	φορβάδος ← φορβάς: "giving pasture, feeding".
701	ἄλλοτ' ἀλλαχᾷ: "this way or that" (L-J); literally "in different directions at different times".
702	εἰλυόμενος: See on 291.
703	ὡς: placed two words late.
705	ἐξανείη ← ἐξανίημι: "slacken".
707	δακέθυμος: "that ate his heart" (U).
708-709	οὐ φορβάν... αἴρων: "not picking as food". ἄλλων... τῶν: "from the other (things) which"; partitive

	genitive.
709	**-μεσθ'** = -μεθα.
711	**ἀνύσειε** ← ἀνύω: "accomplish", here "procure".
715	**ἥσθη** ← ἥδομαι: "enjoy"; often with partitive gen.
717	**προσενώμα** ← προσνομάω: "approach"; with εἰς ὕδωρ.
720	**ἀνύσει**: here intransitive, "end up".
723	**δούρατι** ← δόρυ: "tree, stem", hence "beam, plank, boat" (also "spear-shaft, spear").
725	**Μηλιάδων νυμφᾶν**: "the nymphs of Malis"; see on 4.
726	**ὄχθας**: fem. ὄχθη and masc. ὄχθος (729) are forms of a single word denoting "any height or rising ground"; here they are distinguished as meaning, respectively, "bank (of a river)" and "hill" (LSJ).
	ὁ χάλκασπις ἀνήρ: "the man with the bronze shield", i.e., Heracles.
727	**πλάθη**: unaugmented aorist passive ← πλάθω: poetic form of πελάζω, "approach, draw near".

730-826 SECOND EPISODE

730-31	**ἐξ οὐδενὸς λόγου**: "for no reason".
731	**κἀπόπληκτος** = καὶ ἀπόπληκτος: "struck dumb, paralyzed by a stroke, apoplectic".
741	**κυρῶν** ← κυρέω: often = εἰμί (cf. 23).
743	**διέρχεται**: "it goes through me" (L-J).
745	**βρύκομαι** ← βρύκω: "eat greedily, devour".
747	**πάρα** = πάρεστι.
747-48	**πρόχειρον ... χεροῖν**: "handy to hand" (W).
748	**πάταξον** 2nd sing. imper. aor. act. ← πατάσσω: "strike".
	εἰς ἄκρον πόδα: literally "at my foot's extremity". J, U and L-J translate "at my heel".
749	**ἀπάμησον** 2nd sing. imper. aor. act. ← ἀπαμάω: "cut off".
	φείσῃ ← φείδομαι: "spare" with gen.
751	**νεοχμόν**: "new".
752	**ποεῖς**: Instead of the act. form in codd., W, U, L-J&W and other modern editors print mid. ποῇ, after J who understood στόνον ποῇ as standard periphrasis for στένεις, "you moan" (cf. 552); however, with the verb in the middle voice, σαυτοῦ, 'on your behalf', would be redundant.

755	τοὐπίσαγμα = τὸ ἐπίσαγμα: "the burden".
759	πλάνης ἴσως ὡς ἐξεπλήσθη: "perhaps when it (the sickness) has had enough of wandering".
760	Due to an error in traditional numbering, there are only three lines between 760 and 765.
761	βούλῃ: "do you wish that?" — introducing the deliberative subjunctive, as often (S 1806); an idiomatic construction motivated perhaps by the frequent use of εἰ βούλῃ ("if you wish") + subjunctive (KG I 223, n. 4).
764	ἤτου 2nd sg. impf. mid.: "you were asking"; ← αἰτέω.
	ἀνῇ: absence of ἄν with this subjunctive is probably an Homeric survival; likewise in 917 and 1077 (W).
767	ἐξίῃ ← ἔξειμι: "come to an end".
768	ἐᾶν ← ἐάω: "allow", scil. me.
770	ἐφίεμαι: "I enjoin you".
772	μεθεῖναι ← μεθίημι: with dat. of the person and acc. of the thing, "give up to, surrender".
773	πρόστροπον: "suppliant".
775	πρόσφερε: "bring it here, pass it to me".
776	τὸν φθόνον ... πρόσκυσον: apparently divine jealousy lurks in the holy weapon and may be exorcized with a pious kiss; see on 533, 657.
777	μή σοι γενέσθαι πολύπον' αὐτά, μηδ' ὅπως ἐμοί: "so that it not become painful to you nor as it was to me (i.e., no good)".
778	τῷ πρόσθ' ἐμοῦ κεκτημένῳ: i.e., Heracles.
779	νῷν Attic for νῶϊν: 1st dual dat. (and acc.) personal pronoun.
	γένοιτο: independent optative without ἄν expresses a wish.
780	κεὐσταλής = καὶ εὐσταλής: "and successful".
781	δικαιοῖ ← δικαιόω: "think right".
783	βυθοῦ ← βυθός: "the depth, the deep", here of the wound, generally of the sea.
784	κηκῖον part. sing. neut. nom.← κηκίω: "gush, bubble forth"; cf. 696.
791	ὦ ξένε Κεφαλλήν: i.e., Odysseus; see on 264.
	διαμπερές: right through.
798	δύνῃ alternative form of δύνασαι.
800	τῷ Λημνίῳ τῷδ' ἀνακαλουμένῳ πυρί: "this fire that is invoked as Lemnian" (L-J). In *Soph.* 199, Lloyd-Jones and Wilson relate this Lemnian fire to the great purification festival

Sophocles' *Philoctetes* 81

on the island of Lemnos, which culminated in the kindling of new fire and its distribution to craftsmen. For other authors (e.g. J, W, U) the fire to which this line refers is a volcano, Mt. Mosychlos, which Hesychius describes as "a mountain in Lemnos", but of which, surprisingly, there are no geological traces. This interpretation led J to ascribe to ἀνακαλούμενος here the unparallelled sense "famed as", which is recorded, with some hesitation, by LSJ.

803 ἐπηξίωσα ← ἐπαξιόω: "deem right".
805 ποῦ ποτ' ὢν ... κυρεῖς: "where on earth do you happen to be?" See at 687 on intensive force of ποτε in questions; on κυρέω, see on 23, 741.
811 ἔνορκόν: "under oath".
812 ὡς ... γ(ε): See on 117.
    ἐμοῦστι = ἐμοί ἐστι.
813 ἔμβαλλε χειρὸς πίστιν: "throw in the faith of your hand (into mine)", i.e., "give me your hand in pledge" (U).
815 τὸν ἄνω ... κύκλον: "the circle above", i.e., the sky.
816 μέθες 2nd sing. imper. aor. ← μεθίημι: "let go".
817 ἀπό μ' ὀλεῖς = ἀπολεῖς με: "you will kill me"; tmesis (see on 343).
819 ὅπως ἔχω: "the way I am"; ἔχω intransitive, with adverb of manner, = "be".
821 οὐ μακροῦ χρόνου: gen. of time within which (S 1444).
823 νιν ... δέμας: in poetry a verb sometimes take two objects, one denoting the person, the other the part especially affected by the action ("construction of the whole and the part", S 985).
824 παρέρρωγεν 2nd perf. act. intransitive ← παραρρήγνυμι: "break at the side".
825 αἱμορραγής: "bleeding violently".
826 ἄν: with subjunctive in purpose clause (S 2201).

827-864 INTERLUDE

827 ὀδύνας: gen. sing., Doric alpha.
    ἀδαής: with gen., "ignorant of".
828 εὐαής: "gently blowing, refreshing".
829 εὐαίων: "giver of a happy life, blessed".
830-31 ὄμμασι δ' ἀντίσχοις τάνδ' αἴγλαν: "may'st thou hold this

	brightness upon his eyes". The connection the Greeks felt between αἴγλα, "brightness, gleam", and healing is expressed in the myth that Asclepius was Aigla's son by Apollo.
832	Παιών: healer-god, subsequently identified with Asclepius, Apollo, and others.
833	ὅρα 2nd sing. pres. imper. ← ὁράω.
834-35	τἀντεῦθεν (= τὸ ἐντεῦθεν) φροντίδος: "the contents of your thought from here", i.e., "your next thinking" (L-J).
836	πρὸς τί: "with a view to what", i.e., "why".
837	πάντων γνώμαν ἴσχων: "which decides all things" (L-J); literally "which holds the judgment/verdict about everything"; cf. S. El. 75-76.
838	παρὰ πόδα: "then and there" (W); "by instant action" (U).
839-42	Like an oracle, Neoptolemus speaks in hexameters.
840	ἁλίως: "in vain"; ← ἅλιος, epic adj., "fruitless, idle".
842	κομπεῖν: "to boast"; scil. ἐστι, with ὄνειδος.
844	ὧν: for οὕς (or οἷς), attracted into the genitive of its referent λόγων.
845	βαιάν: "short".
849	ὅ τι δύνᾳ μάκιστον: "in whaterever way you are able longest", i.e., "as far as you can". δύνᾳ is Doric for δύνῃ (see on 798).
851	ὅπως πράξεις: object clause after verb of effort (S 2211).
853	εἰ ταύταν τούτῳ γνώμαν ἴσχεις: "if you hold to this (ταύταν) decision/purpose/attitude (W/J/U) concerning this man (i.e, Odysseus)"; cf. 837.
854	ἄπορα: "perplexing" (L-J).
	πυκινοῖς: "to the shrewd".
856	ἀνόμματος: "eyeless".
857	νύχιος: "in the dark".
858	ἀδεής: "fearless"; scil. ἐστι.
863	φθέγγῃ ← φθέγγομαι: "utter".
863-64	τὸ δ' ἁλώσιμον ἐμᾷ φροντίδι: "the thing graspable by my thought", describing the following clause.
864	πόνος ὁ μὴ φοβῶν: "labor not undertaken in fear".

865-1080 THIRD EPISODE

865	ἀφεστάναι φρενῶν: "to be out of your wits"
866	ἀνήρ = ὁ ἀνήρ.
867-68	ἐλπίδων ἄπιστον: "not credited by my hopes" (J); cf. S. *Ant.* 847, φίλων ἄκλαυτος, "unlamented by friends".
868	οἰκούρημα: "house-guarding, house-watch, guard, protection".
869	ἐξηύχησ' ← ἐξαυχέω: "boast"; here and at S. *Ant.* 390, apparently no more than "think".
872	εὐφόρως: "patiently".
875-76	ἐν εὐχερεῖ ἔθου: "you placed them in easy-handed/manageable", i.e., "you made light of these".
879	ἆρον 2nd. sing. imper. aor. act. ← αἴρω: "lift".
880	κόπος: "weariness, suffering".
883	κἀμπνέοντ' = καὶ ἀναπνέοντα.
884	ὡς οὐκέτ' ὄντος: "as belonging to someone who no longer exists", i.e., is dead.
	συμβόλαιά: "tokens, signs", here "symptoms".
887	ὄκνος: with gen., "shrinking from".
891	οὑπί = ὁ ἐπί.
893	ἴστω 2nd sing. pres. imper. pass. ← ἴστημι: in pass., "stand".
	ἀντέχου: either "hold on to me", or "hold on to the rock", or "keep steady" (W).
896	ἐξέβης ← ἐκβαίνω: "go out, wander, stray".
897	τἄπορον = τὸ ἄπορον.
898	ἀπορεῖς δὲ τοῦ σύ; "but what are you perplexed about?"
900	οὐ δή: "surely it cannot be that".
901	ἔπαισεν: "struck". A good example of *lectio difficilior*.
908	ληφθῶ aor. subjunc. pass. of λαμβάνω.
910	γνώμην: acc. of respect.
912	μή: "(fearing) lest . . . "; depending on ἀνιῶμαι.
921	ἀληθῆ: adverbial neuter.
922	θυμοῦ 2nd sing. imper. pres. mid. ← θυμοῦμαι: "be angry".
924	ἀπόδος 2nd. sing. imper. aor. act. ← ἀποδίδωμι: "give back".
925	οὐχ οἷόν τε: "it is not possible".
	τῶν . . . ἐν τέλει: See on 385.
926	τό τ' ἔνδικόν . . . καὶ τὸ συμφέρον: "duty and expediency" (U).
927	πῦρ: "fire"; its use as insult is unusual; perhaps a metaphor for

	ruthlessness (U), or destructiveness (W), or both (J).
928	εἰργάσω 2nd sing. aor. ← ἐργάζομαι.
931	βίον ← ὁ βίος, "life"; not βιόν ← ὁ βιός = τὰ τόξα, "bow".
933	ἀφέλῃ 2nd sing. subjunc. aor. mid. ← ἀφαιρέω: in mid. "take away for oneself".
935	ὡς μεθήσων μήποθ': "as one who will never let go".
936	προβλῆτες: "promontories" ← προβάλλω.
937	καταρρῶγες ← καταρρώξ: "jagged, broken".
938	λέγω 1st sing. subjunc. pres.: "I might speak"; deliberative subjunctive of a sort.
939	εἰωθόσιν part. dat. pl. ← *ἔθω: "be accustomed, be wont".
940	οὐξ = ὁ ἐξ.
943	τοῦ Ζηνός: "(son) of Zeus", as usual (see on 401) ← Ζεύς.
944-45	φήνασθαι θέλει, ὡς: "wishes it to appear that" (W). Editors who place a full stop after θέλει (J, DM, U) must assume that φήνασθαι is trans. act. (thus LSJ).
946	ἐναίρων ← ἐναίρω: "slay".
947	ἄλλως: adv. "merely"; this idiomatic sense also in Thuc. 8.78.1, Pl. *Crit.* 46d, *Crat.* 429e, *Theaet.* 176d.
948	ἔχοντ(α): *scil.* εἰλέν με.
950	ἐν σαυτοῦ γενοῦ: "come to yourself" (L-G). γενοῦ is the 2nd. sing. imper. aor. of γίγνομαι.
953	εἴσειμι: See on 124.
954	αὐανοῦμαι fut. mid. in pass. sense ← αὐαίνω, "to dry".
957	ἀφ' ὧν: "(to those) from whom".
958	οὕς: "(those) whom".
959	δέ: normally second word in sentence, here postponed, as often in poetry, for metrical convenience (GP 187-89). ῥύσιον: "compensation".
960	πρός: with gen., "at the hand of".
962	μετοίσεις 2nd. sing. fut. ← μεταφέρω: "change, alter".
963-64	ἐν σοὶ ... (ἐ)στί: "it is up to you".
964	προσχωρεῖν: properly "go to, approach"; so here "come to meet his words", i.e., "agree" (U), "accede" (L-J) to them.
967	παρῇς 2nd sing. aor. subjunc. act. ← παρίημι: "permit, allow"; with dat. of the person.
971	εἶ: here, 2nd sing. pres. of εἰμί, "I am"; at 975, of εἶμι, "I shall go".
973	μεθείς part. sing. nom. aor. act. ← μεθίημι: "give up, surrender".
977	Ὀδυσσέως ... ἐμοῦ: picking up genitive of preceding line.

Sophocles' *Philoctetes*

978	πέπραμαι: "I am sold" ← πιπράσκω, "sell".
983	αὐτοῖς: i.e., τοῖς τόξοις.
986-87	σέλας Ἡφαιστότευκτον: "fire made by Hephaestus". The god, whose name indicates that he is not Greek, was specifically linked to Lemnos, where an independent non-Greek population held out until the sixth century B.C. See on 800.
990	δέδοκται: "has seemed right, has been resolved" ← δοκέω.
991	οἷα κἀξανευρίσκεις λέγειν: "what things you find to say" (L-J).
993	πορευτέα nom. fem. sing. ← πορευτέος: "to be traversed".
994	τάδε: retained acc. object with impersonal verbal πειστέον (σοι), "(you) must obey in this" (S 2152).
1000	γῆς τόδ' αἰπεινὸν βάθρον: "this steep land-base" (W).
1001	ἐργασείες ← ἐργασείω: "be about to do, long to do", desiderative of ἐργάζομαι.
1003	μὴ 'πὶ τῷδ' ἔστω τάδε: "let this not be in his power" (L-J).
1005	νευρᾶς ← νευρά: "bowstring".
	συνθηρώμεναι: "jointly hunted/caught" (along with me) ← θηράω: "hunt, capture".
1007	οἷ(α): "how, in what way"; neut. pl. as adv. ← οἷος.
	ὑπῆλθες ← ὑπέρχομαι: "come secretly", hence "entrap".
1008	πρόβλημα: "screen, cover"; properly, "what is thrown or set up before one" (hence "problem").
1010	ᾔδει 3rd sing. plpf.: "he knew" ← οἶδα.
1012	οἷς: "due to those things"; dat. of cause.
1014	ἀφυᾶ acc. masc. sing.: "unsuited by nature"; with νιν.
1021	γέγηθας 2nd sg. perf. ← γηθέω: "rejoice". In tragedy, the perfect is used for the present.
1025	κἀνάγκῃ = καὶ ἀνάγκῃ: "and by compulsion". Lines 1025-26 probably allude to the story staged in Sophocles' lost play *Odusseus mainomenos* (which, however, we only know through later mythographers): in order not to go to the Trojan war Odysseus feigned madness and planted salt in his field; his ruse was exposed when they threw down his child in front of the plow and he stopped.
1028	κεῖνοι δὲ σέ: "they (say) you (did)".
1033	πῶς θεοῖς ἔξεστ' ... αἴθειν ... σπένδειν: cf. 8-9.
1034	πρόφασις: "excuse".
1036	μέλει: impersonal, "*x* (gen.) is an object of care/interest/concern for *y* (dat.)".

1039	ἐμοῦ: in apposition to ἀνδρὸς ἀθλίου in 1038.
1040	ἐπόψιοι: "who keep a watch over"; cf. S. *El.* 175.
1041	τείσασθε ← τίνω: "pay" (a price, a debt, a penalty); so mid. "collect a price, make someone pay for something, avenge oneself, punish".
	τῷ χρόνῳ ποτέ: "in time, some day".
1043	ὡς: See on 117.
1045	βαρύς: *scil. ἐστί.*
1046	ὑπείκουσαν: "yielding, submitting"
1048	εἰ μοι παρείκοι: either (*a*) impersonal, "if it were allowed to me" (so L-J: "if I had the time"); or (*b*) picking up ὑπείκουσαν in 1046, "if he would allow me" (thus W).
1049	οὗ: "where".
1050	χὤπου = καὶ ὅπου: "and where".
1051	οὐκ ... οὐδέν(α): a compound negative following a negative with the same verb reinforces the first negative (S 2761), instead of cancelling it as it would in standard English.
1054	μηδὲ ... ἔτι: "no longer".
1055	προσχρῄζομεν: "need besides (προσ-)", *scil.* in addition to the bow; with gen.
1057	Τεῦκρος: Brother of Ajax; his prowess as archer is sung in *Il.* 8.273-79.
1058	ἐγώ θ': "and me too", as everyone in the audience knew from *Od.* 21; remember Odysseus' boast at *Od.* 8.219: οἷος δή με Φιλοκτήτης ἀπεκαίνυτο τόξῳ, "only Philoctetes surpassed me with the bow".
1059	ἐπιθύνειν: "guide straight, aim".
1060	χαῖρε τὴν Λῆμνον πατῶν: χαῖρε, "fare well", a polite formula, here sarcastically literal, "Have a good time hiking on Lemnos!"
1061	τὸ σὸν γέρας: "your prized possession" (U), i.e., the bow.
1065	ὡς στείχοντα δή: "as I am now going".
1066-67	σοῦ φωνῆς ... προσφθεγκτός: "addressed by your voice"; for the genitive, see at 867.
1069	διαφθερεῖς fut. ← διαφθείρω: "destroy, ruin"; for this use of the future see on 851.
1074	ἀκούσομαι ... ὡς ἔφυν: "I shall be said to be, I shall be described as being"; see on 607.
	πλέως + gen.: "full of".
1076	χρόνον τοσοῦτον εἰς ὅσον: "so much time up to as much

	(time) as", i.e., "until". For the omission of ἄν with the subjunctives in 1077, see on 764.
1079	λῴω acc. sing. masc./fem. (also neut. pl.) ← λῴων, λῷον: "better"; with φρόνησιν.
	νώ: dual 1st pers. pronoun, "we two".
	ὁρμώμεθον 1st. dual pres. subjunct. ← ὁρμάομαι.
1080	ὁρμᾶσθαι: infinitive used for 2nd person of imperative (S 2013).
	ταχεῖς: with adverbial force, like ταχύς —with the same verb— at 526 (J).

1081-1217 KOMMOS (lyric dialogue)

1081	κοίλας πέτρας γύαλον: "cavity of hollow rock", i.e., "cave".
1082	παγετῶδες ← παγετώδης: "frosty, ice-cold".
1085	συνείσῃ 2nd sing. fut. ind. ← σύνοιδα: "be conscious of, be privy to".
1088	τάλαν: neut. sing. with αὔλιον.
1089	τίπτ(ε) = τί ποτε.
	τὸ κατ' ἦμαρ: "my daily ration" (W).
1090-91	τοῦ ... πόθεν ἐλπίδος; "what hope, from where"; double question (W).
1091	σιτονόμου ... ἐλπίδος: "food-apportioning hope", i.e., "hope of getting food".
1092-93	ἴθ' αἰ ... πτωκάδες: "come, you timorous creatures" (L-J). ἴτε is 2nd pl. imper. pres. of εἶμι. The adj. πτώκας means "timorous". Lines 1092 and 1094, as printed in the text after L-J&W, are for the most part the work of modern editors.
1094	ἅλωσιν: "capture", i.e., "way of catching you" (U).
1095	κατηξιώσας: "resolved, determined (this)" ← καταξιόω: "deem worthy".
	βαρύποτμε, voc. ← βαρύποτμος: "heavy-fated".
1099	εὖτε ... παρόν: "when it was possible". The participle of an impersonal verb (here παρέστι—see on 9) stands in the accusative —instead of the genitive— absolute (S 2076).
1100	λωίονος δαίμονος: genitive of comparison, "rather than"; for λωίονος, see on 1079.
1102	λωβατός: "outraged, abused".

1102-4	ἥδε ... ὕστερον ... εἰσοπίσω: "now ... later ... in time to come".
1111-12	ἄσκοπα κρυπτά τ' ἔπη: "opaque and cryptic words".
1112	ὑπέδυ 3rd sing. aor. 2 (intransitive) ← ὑποδύω: "slip under, creep under". As often, ὑπ- connotes stealth; see on 1007.
1114	μησάμενον ← μέδομαι: "devise, contrive".
1115	λαχόντ(α) aor. part. ← λαγχάνω: "to obtain by lot" (and so by fate).
1116	πότμος: in apposition to τάδ(ε). The sentence apparently combines two constructions, the verbs of which are understood, viz. πότμος ἐστι τάδε and πότμος σε ἔσχε.
1118	ἔσχ(ε): "acquired, got hold of", as usual with the aorist of ἔχω.
1119-20	ἔχε ... ἐπ': "aim at".
1120	δύσποτμον ← δύσποτμος: mostly in pass. sense, "ill-starred"; but here obviously act., "ill-omened" (U), "baneful" (L-J).
1122	ἀπώσῃ 2nd. sing. aor. subjunct. ← ἀπωθέω: "reject, spurn"; literally "push away".
1123	που + gen.: "somewhere in".
1126	μελέου: gen. with μου in 1125.
1130	ἐλεινόν: internal acc., virtually adverbial, "pityingly".
1133	τὸ μεθύστερον: "hereafter".
1134	μεταλλαγᾷ: "exchange".
1135	ἐρέσσῃ: "you are plied" ← ἐρέσσω, "row".
1137	ἐχθοδοπόν ← ἐχθοδοπός: "hateful".
1138-39	μυρί(α) ... κάκ(α): "countless evils".
1140	ἀνδρός + inf.: "(it is) of a man, it is characteristic of a man" to do the stated action.
	τὸ ... ὂν δίκαιον εἰπεῖν: "to argue his own case" (L-J).
1142	ἐξῶσαι ← ἐξωθέω: "thrust out".
1143	κεῖνος: scil. Neoptolemus.
	εἷς: "one".
1144	τοῦδ' = Odysseus.
1146	χαροπῶν ← χαροπός: epithet of dubious sense, applied to lions at Od. 11.611; tentatively explained as "with a look full of the joy of battle" or "looking round greedily".
1148	οὐρεσιβώτας: "feeding on the mountains".
1150	ἐλᾶτ(ε) 2nd pl. imper. aor. ← ἐλαύνω.
1153	ἀνέδην: adv. "freely"; related to the verb ἀνίημι.
	ἐρύκομαι: pass. "I am held back, I am detained".
1155-56	καλὸν ... κορέσαι στόμα: "(it is) good to glut (your) mouth

Sophocles' *Philoctetes*

	on (gen.)".
1156	ἀντίφονον . . . πρὸς χάριν: "for your retaliatory delight".
1157	αἰόλας: "quivering" (L-J); of things which incessantly change their shape and sheen due to quick motion.
1158	ἀπὸ . . . λείψω: tmesis; see on 343.
1161-62	μηδενὸς . . . ὅσα: "of none of howevever many things"; ὅσα, brachylogy (S 3017) for ὅσων (partitive gen. with μηδενὸς) ἅ (direct obj. of πέμπει).
1165	ἐπὶ σοί: "(it is) in your power"; cf. 963.
1164	πελάταν: See on 676.
1167	οἰκτρά: adverbial with βόσκειν.
	βόσκειν: "to nourish", viz. the gluttonous illness (see on 7).
1167-68	ἀδαὴς δ' ὀχεῖν μυρίον ἄχθος ᾧ ξυνοικεῖ: "he with whom she (*scil.* the illness) cohabits cannot learn to bear the immense burden"; see on 827.
1171	λῷστε: "best"; cf. on 1079.
1176	κράτιστον: literally "most powerful", here "best", as often.
1180	ναὸς ἵν(α): "where in the ship". ναός is gen. of ναῦς.
1182	πρὸς ἀραίου Διός: "By the Zeus of curses!"
1187	ἀπόλωλ(α) 1st perf. ind. mid.: "I am lost, I am undone" ← ἀπώλλυμι, "destroy utterly".
1189	μετόπιν: adv. "hereafter"; so ἐν βίῳ τῷ μετόπιν = "in my life from now on".
1190	ἐπήλυδες ← ἔπηλυς: "one who comes to a place, stranger".
1191	ἀλλόκοτος: "strange"; here "different", plus gen. of comparison; *scil.* "is".
1192	ἅν: Doric for ἥν, fem. acc. sing. relative pronoun.
1193	νεμεσητόν: "something to resent".
1194	ἀλύοντα ← ἀλύω: "wander (in mind), " be distraught".
1195	παρὰ νοῦν: "beyond reason, insanely"; cf. Engl. "paranoia".
1196	βᾶθι 2nd sing. imper. aor. act. ← βαίνω.
1198	ἀστεροπητής: epithet of Zeus, "lord of lightning" (L-J), "lightener" (LSJ) ← ἀστεροπής, "lightning".
1199	φλογίζων ← φλογίζω: tr. "set on fire".
1200	ἐρρέτω 3rd sing. imper. pres.: "to hell with!"; here of the Greek war, rather than the enemy city ← ἔρρω, "perish, be destroyed".
1202	ἄρθρον: "joint, limb".
	ἀπῶσαι inf. aor. act. ← ἀπωθέω: See on 1122.
1203	ὀρέξατε 2nd pl. imper. aor. act. ← ὀρέγω: "reach out, give".
1205	γένυν ← γένυς: "axe"; the primary meaning is "jaw" — axes

	also do their "biting" job by rotation about a fixed point. προπέμψατε: "hand me" (U, L-J); cf. 105.
1206	παλάμαν Dor. acc. sing. of παλάμη: "palm (of the hand)", here "deed".
1209	φονᾷ ← φονάω: desiderative, "thirst for blood".
1210	ματεύων ← ματεύω: "seek".
1216	λιβάδ' ← λιβάς: "stream".

1218-1471 EXODOS

1218-21	Nauck considered these lines very corrupt. Mekler conjectured that they were spurious. Taplin has made a strong case for deleting them (*Soph.* 209).
1218	ὁμοῦ: "together with, close to"; usually with dat., but also with gen.
1222	παλίντροπος: "turning back".
1224	λύσων ← λύω: "undo"; fut. participle of purpose.
1235	κερτομῶν: "mocking".
1238	ἀναπολεῖν: "plough over again"; always used figuratively.
1239	ἀρχήν: adverbial, "to begin with".
1240	ἐπίστω: 2nd sg. pres. imper. of ἐπίσταμαι (see on 419); here with participle of indirect discourse (see on 408).
1242	οὑπικωλύσων = ὁ ἐπικωλύσων: "the one who shall hinder".
1245	δρασείεις ← δρασείω: "intend to do"; desiderative of δράω; cf. 1001.
1246	κρείσσω neut. pl. nom. ← κρείσσων: "better"; properly comp. of κρατύς, "strong", but often used, as here, as comp. of ἀγαθός, "good".
1249	ἀναλαβεῖν ← ἀναλαμβάνω: "take back, repair, restore".
1255	ἐπιψαύουσαν part. pres. fem. acc. ← ἐπιψαύω: "touch, reach for".
1256	ταὐτόν = τὸ αὐτόν.
1259	κἄν = καὶ ἄν.
1262	ἀμείψας ← ἀμείβω: "change, exchange"; often as here of moving (relocating).
1264	τοῦ κεχρημένοι: "being in need of what".
1272	ἀτηρός: "baneful" ← ἄτη.
1275	πέρα: "further". So here, "say no further"; at 1277, "further — i.e., to a greater degree— than what I have expressed".

1276	ἄν = ἃ ἄν.
1282	βίον: Does the word do double work here, as βίον, "life", and βιόν, "bow"? (The earliest mss. had no accents.) W thinks the difference in pitch accent between these words prevented any Athenian from equating them, even in wordplay. However, Aristophanes' notorious pun on δημός/δῆμος ("fat"/"people") at *Wasps* 40-41 involves a difference in pitch accent too. Cf. 931, 933.
1283	ἀπεστέρηκας: "you have deprived/robbed/cheated (me)".
1286	'πεύξῃ 2nd. sing. subjunc. aor. ← ἐπεύχομαι: "pray".
1289	ἀπώμοσ': "No, I swear" ← ἀπώμνυμι, "swear that one will not do or has not done, deny under oath". After a verb of swearing, the god or gods by whom one swears are named in the acc. (S 1596; KG I 296,4). Use of the aorist may indicate a resolution already formed and which remains unalterable (S 1938).
1293	ἀπαυδῶ 1st sing. pres. ind. ← ἀπαυδάω: "forbid".
	ξυνίστορες: "witnesses".
1296	ἐπῃσθόμην 1st. sing. aor. ← ἐπαισθάνομαι: "perceive", with acc. of the object (*contra* LSJ).
1300	'φῇς ← ἐφίημι: "send, throw", hence "shoot". Note that the reading μὴ 'φῇς is due to a modern editor; codd. have μεθῇς, in hopeless entanglement with 1301.
1301	μέθες ← μεθίημι: "let go, release".
	με...χεῖρα: See on 823.
1303	ἀφείλου ← ἀφαιρέομαι: followed by μή + inf. "prevent, hinder from doing".
1306	κακούς: "cowards".
1308	εἶέν: particle used in passing to the next point, "well, quite so, very good"; for the aspiration see references in LSJ, *s.v.*
	κοὐκ ἔσθ' ὅτου: "and there is nothing from/on account of which", i.e., you have no grounds for anger or complaint.
1313	ἤκου' ἄριστα: "heard the best things (said about him)," i.e., "had the highest reputation" (U); see on 607.
1314	ἥσθην 1st. sing. aor. ind. ← ἥδομαι: "be pleased".
1315	ὧν: partitive gen. with τυχεῖν ← τυγχάνω. σου ablative gen.
1321	ἠγρίωσαι 2nd sing. perf. pass. ← ἀγριόω: "make wild"; in pass. "grow wild".
1327	ἀκαλυφῆ ← ἀκαλυφής: "roofless".
1328	σηκόν ← σηκός: "shrine".

	οἰκουρῶν ← οἰκουρέω: "watch the house, keep the house" ← οἶκος.
1333	Ἀσκληπιδῶν: the Asclepiads, Machaon and Podalirius.
1334	μαλαχθῆς ← μαλάσσω: "soften"; here, in pass., "be relieved of" (with gen.).
1335	πέρσας part. aor. ← πέρθω: See on 69.
1336	τῇδ' ἔχοντ': "holding in this way" i.e., being thus (ἔχω + adv.); supplementary participle in indirect discourse introduced by a verb of knowing (see on 408).
1337	ἁλούς part. aor. ← ἁλίσκομαι: "be captured".
1338	Ἕλενος: See on 606.
1340	παρεστῶτος: genitive of time ← παρεστώς (part. perf. of παρίστημι), "present"; so here, "during the present summer".
1341	ἁλῶναι inf. aor. ← ἁλίσκομαι: See on 1337.
1342	ψευσθῇ: "be proved false". ψεύδω means "to lie", but also "to give the lie to, to falsify".
1343	συγχωρεῖ θέλων: "agree willingly".
1344	(ἐ)πίκτησις: "bonus" (U); literally "further acquisition".
1345	παιωνίας ← παιωνία: "healing".
1349	ἀφῆκας 2nd sing. aor. act. ← ἀφίημι: "send away, let go".
1352	εἰκάθω 1st sing. aor. subjunc. (deliberative) ← εἴκαθον (defective aorist, related to εἴκω): "yield, give in".
1354	κύκλοι: "circles", i.e., "eyes".
1355	ἐξανασχήσεσθε 2nd. pl. aor. mid. ← ἐξανέχομαι: "put up with, endure".
1357	πανώλει ← πανώλης: "accursed" (J). ← πᾶν + ὄλλυμι, so in effect "utterly ruinous (or ruined)".
1362	σοῦ: "in you, from you".
1378	ἔμπυον βάσιν: "suppurating step (i.e., foot)".
1379	ἄλγους = ἄλγεος: contracted genitive singular of ἄλγος (S 263).
1380	ὦ δεινὸν αἶνον αἰνέσας: either (i) "you propounder of dire advice" (J, DM, U), if αἶνος has here the unparalleled sense "advice", from αἰνέω = "commend, recommend"; or (ii) "you who tell this dreadful tale" (W, L-J) —viz. that I shall be cured if I help the Atreidae— if αἰνέω has here the unusual sense "to tell", from αἶνος = "tale". The verb αἰνέω occurs in a similar combination with the noun αἶνος in A. Ag. 1482-83, meaning either (i) "to praise an evil praise" (Fraenkel) or (ii) "to tell an evil tale" (Smyth, Lloyd-Jones). If Phil. 1380 echoes Ag. 1482-

	83, sense (ii) is surely right in both passages.
1387	ὦ τᾶν: a form of polite address, rendered in English as "Sir" (by L-J in Oxford) and as "my good fellow" (by U in Australia).
1389	μανθάνειν: "understand".
1391	ὅρα governs the εἰ clause, "see if, consider whether".
1393	δρῷμεν 1st pl. opt. pres. act. ← δράω.
1394	πείσειν ← πείθω: "persuade" + acc. of the person persuaded + acc. of the thing.
1395	ὡς ῥᾷστ' ἐμοί : "the easiest for me", *scil.* ἐστί.
1398	ᾔνεσάς: "you promised".
1401	τεθρύληται ← θρυλέω: "chatter, keep talking about".
1403	ἀντέρειδέ νυν βάσιν σήν: "now plant thy steps firmly" (J); "then, support your steps with mine" (U, after W). A similar disagreement about ἀντέχου was noted at 893.
1408	προσκύσας χθόνα: "when you have kissed the ground" (L-J). To do it one must indeed fall prostrate in a worshipping attitude — the other sense of προσκυνέω (see on 533).
1411	φάσκειν: "say"; infinitive for imperative.
1413	τὴν σὴν . . . χάριν: "for your sake".
1416	κατερητύσων ← κατερητύω: "hold back". στέλλῃ 2nd sing. pass. ← στέλλω: "send, dispatch".
1420	ἔσχον: See on 1118.
1421	σοί . . . ὀφείλεται: "it is your due".
1430	πλάκα ← πλάξ, ἡ: "plain".
1434	παρῄνεσ(α) 1st sing. aor. act. ← παραινέω: "recommend, advise". The aorist is used with verbs of saying, commanding, advising, although they refer to the present, in order to emphasize the definitive, unchangeable character of what is being said (KG I, 164-65).
1435	σέθεν: gen. with ἄτερ understood, "without you".
1436	λέοντε συννόμω: dual, "two lions who feed together".
1439	χρεών = χρή: "it is necessary".
1441	εὐσεβεῖν τὰ πρὸς θεούς: advice included here by Sophocles with hindsight, in view of the gross misbehavior of the Greek heroes at the fall of Troy and the dire effects it had on their home journey.
1443	ηὐσέβεια = ἡ εὐσέβεια.
1445-71	Recitative anapaests. The basic metric scheme is

$$\smile\smile - / \smile\smile - // \smile\smile - / \smile\smile -$$

However, a long syllable can be substituted for any pair of short ones, and a pair of shorts for any long one, so long as there are not four shorts in a row. The regular caesura after the second metron secures the clear, firm, "marching" rhythm characteristic of this meter.

1448 ταύτῃ: "in the same way".
1449-51 The word order in codd. makes sense: "Do not delay for long. It is the time to act, and here is the sailing-wind. For it urges you from the stern" (W).
1452 φέρε: See on 300.
1453 ξύμφρουρον ἐμοί: "which shared my watch".
1454 λειμωνιάδες: "of the meadows".
1455 κτύπος ἄρσην πόντου προβολῆς: "the crash of the sea at the promontory".
1456 ἐτέγχθη: "was soaked" ← τέγγω, "wet".
1457 κρᾶτ(α) nom. sing. neut.: "head".
ἐνδόμυχον: "within my shelter" (U).
νότου ← νότος: "the south wind".
1459 Ἑρμαῖον ὄρος: this "Hermaean mount" must be the same as "the rock of Hermes in Lemnos" (Ἑρμαῖον λέπας Λήμνου) mentioned by Clytaemestra (A. *Ag.* 283-84) among the points over which the news of the fall of Troy was relayed to her.
1459-60 ἐμοὶ ... χειμαζομένῳ: "as I was assailed by the storm". Cf. σάλου at 271. In both places W takes the language figuratively, as alluding to Philoctetes' disease and its crises. But a literal understanding fits both contexts well: in 271, because the talk is there of rest after crossing a strait in the Aegean on a small vessel; in 1460, because it follows the reference to bad weather at 1456-57.
1460 στόνον ἀντίτυπον: "(my) echoed groans"; see on 694.
1461 Λύκιον: "Lycian", i.e., belonging to Apollo Lykeios.
πότον: properly "drink", but here "well" or "spring"; see on 21.
1463 ἐπιβάντες ← ἐπιβαίνω: "set a foot on, mount on (a horse, chariot, ship)".
1465 εὐπλοίᾳ: comitative dative (S 1521 ff.).
1471 σωτῆρας: fem. in agreement with understood subj. of the infinitive, "Nymphs".